愛知大学綜合郷土研究所ブックレット

㉘

平湯今昔物語

奥飛騨の温泉と伝説と祭り

菱川晶子

●目　次●

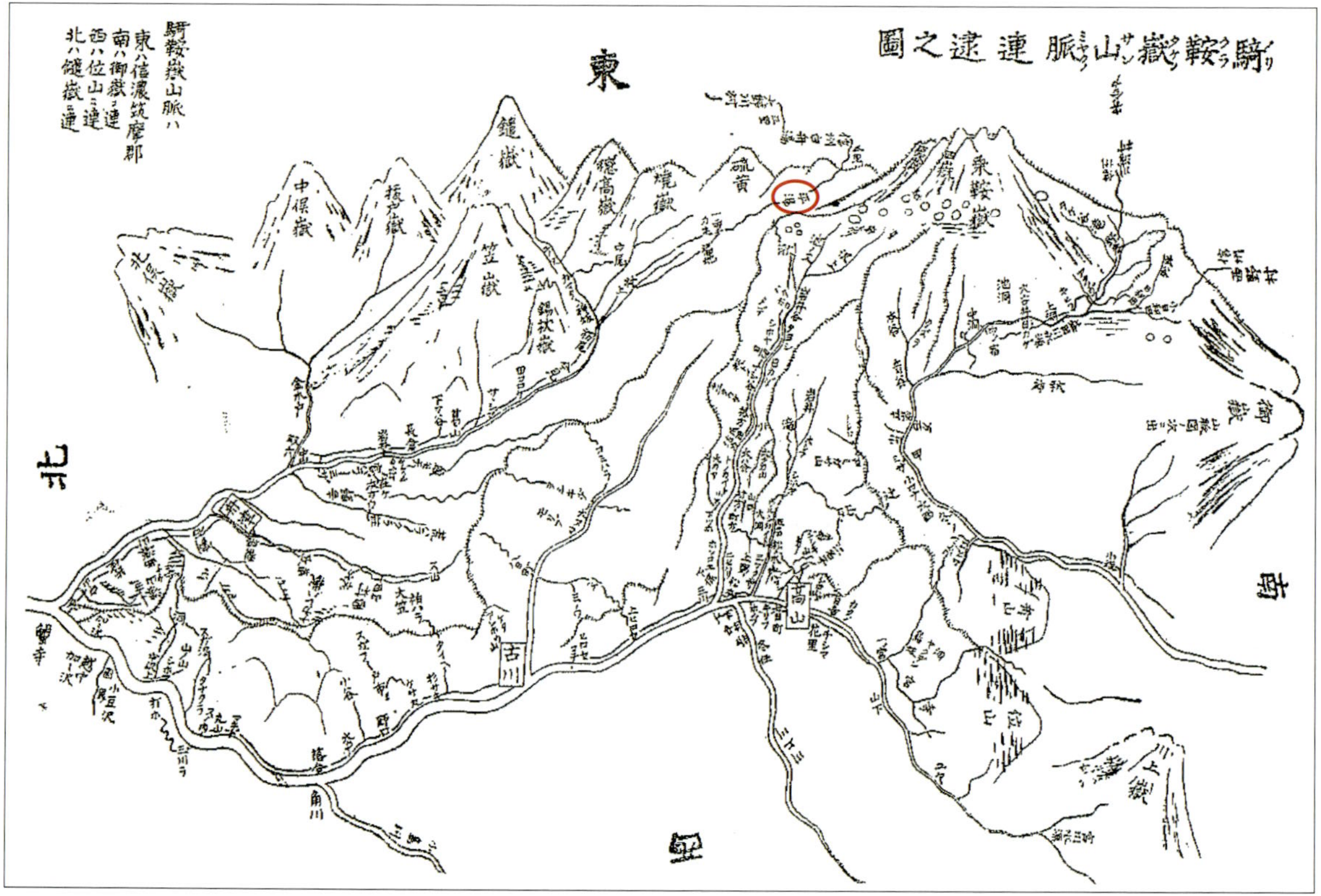

〈口絵1〉「騎鞍嶽山脈連逮之圖」（『大日本地誌大系第七冊 斐太後風土記』上巻 大日本地誌大系刊行会、1915）

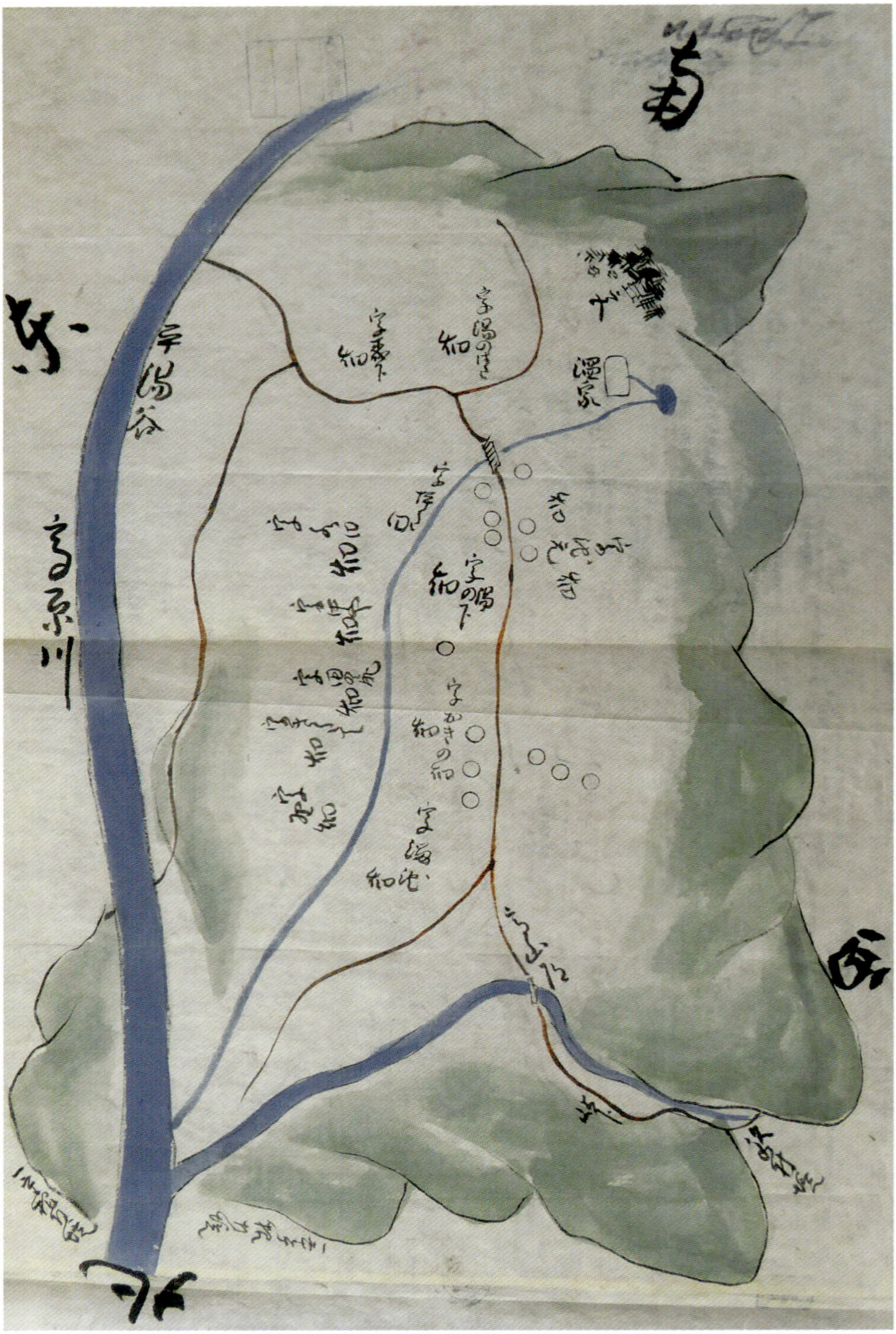

〈口絵２〉「村絵図」高山陣屋文書（岐阜県歴史資料館蔵）

〈口絵３〉冬の平湯大滝

〈口絵４〉平湯村（『斐太後風土記』下巻 巻之十五 大日本地誌大系刊行会, 1916）
（国立国会図書館デジタルアーカイブより）

〈口絵５〉稗田の中の共同浴場（村山昌夫氏蔵）
周辺の田には稗が植えられている

〈口絵７〉湯花祭りに供された泉源の湯

〈口絵６〉平湯温泉に伝わる金仏様
（薬師如来座像）

はじめに

日本列島の各地には、はるか昔から湯の自然湧出する場所があった。そしてその湯をいつの頃からか人間は利用するようになり、様々な効能と共に親しまれている現在では、温泉は気軽な旅行の目的地の一つにさえなってきている。

そのように湯を求めてやってくる人々を受け入れながら発展してきた温泉地には、湯が発見された経緯や由来を伝える話が多く存在する。古い温泉地ほど、温泉発見の由来が語り伝えられているようである。

この温泉発見伝説については、『温泉大鑑[1]』の七分類や山口貞夫の四分類[2]を始め、これまでにいくつかの分類案が示されてきた。その分類案には、「動物が教えた」、あるいは「導いた」とするものが必ずみられることから、鳥獣に教えられて発見したという伝説が、温泉発見伝説の中でも重要な位置を占めていると理解できる。

「温泉の信仰と伝説[3]」を記した加藤玄智と宮坂光次は、鳥獣等にも、自然泉や温泉をめがけて集まり、好んでこれに浴する風習があったのはまぎれもない事実であると述べている。それを信心深い昔の人は鳥や獣の習性とは考えずに、動物を神仏の使者や化現と見做してきたというのである。確かに、動物が人間に温泉のありかを教えてくれたのは、神仏の存在があってのことだと考えているものは多くある。しかしながら、調べてみると必ずしもそればかりというわけでもない。温泉発見伝説には、人々が動物の行動をどのように捉えてきたのか、また動物をどのように見てきたのかを知る手掛かりが隠されているようである。

自然からの恩恵である温泉を享受するため、これまでに多くの浴場が開かれてきた。岩手県鉛温泉のように、戦を逃れて山中に住まい、後にその一族が動物の姿を通して温泉を発見し、開湯したと語る場合もあった[4]。また長野県の鹿教湯温泉のように、現在人々に親しまれている温泉名が、温泉地の発展を願った後の時代の改称によるものであり、それに伴って伝説が新たに生成されている場合もあった[5]。

人々は、大地の恵みであるが故に湯の枯渇を恐れ、また時代による利用者の増減に影響を受けながらも、営みを続けている。そのような温泉地の歴史的な様相は発見伝説にも大きく関わるものであり、温泉地ごとの丁寧な調査研究が重要になってくる。

本書では、二〇一四年から調査を進めてきた岐阜県高山市にある平湯温泉を取り上げる。平湯温泉は周囲を乗鞍岳や笠岳（笠ヶ岳）などの高山に囲まれた、中部山岳国立公園内に位置する温泉地である。奥飛騨温泉郷の中でも古い歴史を持つ平湯温泉には、武田家ゆかりの軍勢が白猿の様子を見て湯のありかを知ったという話が伝えられている。この温泉発見伝説と、それにちなんで新しく作られた湯花祭りや、古くから守られてきた薬師如来にまつわる伝説とその祭り、そして温泉地の変遷について考えていきたいと思う。

また、平湯でのフィールドワークを重ねる中で、直接温泉には関係しない地域の暮らしの話などを伺う機会にも恵まれた。生活の中のごく一部に限られたものではあるが、平湯を理解する上では大切なものと考えられる。そのような人々の暮らしの語りを織り交ぜながら、史資料とあわせて見えてくる平湯温泉の今昔を、本書を通してお伝えできれば幸いである。

一、飛騨の中の平湯

㈠ 平湯の地勢

平湯は現在岐阜県高山市の一部に属しているが、以前には県の東北端にあった吉城郡上宝村の一部を占めていた。この上宝村の村域の大部分は山地であり、各集落は、高原川沿岸にある山間部のわずかな平坦地に散在している。平湯は乗鞍岳西北麓の標高一二三三メートルの高地にあり、東部は長野県との県境に接している。また高原川の上流の渓谷にも近く、四囲には安房山や焼岳、西穂高岳、奥穂高岳、槍ヶ岳などの高山が続いている。

平湯のある飛騨地方から他地域に繋がる街道は、高山を中心に東西南北に伸びている。参勤交代に使われた美濃まで続く西の益田街道や、野麦峠を越えて信州の奈川村へ続く信州街道、越中への白川街道や越中東街道・西街道などである。越中岩瀬湊（現富山市）には、高原川や神通川を通じて、高原郷山中から伐り出された木材が流送されていた。

平湯に特に関係するのは、高山から丹生川村や上宝村平湯、安保峠（安房峠）を越えて信州安曇村、さらには松本へ向かう平湯街道である。この街道は、かつて鎌倉街道とも呼ばれていた古い道でもあった。

このように、信州へ抜ける道が通っていた平湯には、江戸時代の一時期に口留番所が置かれていた。他藩への物資の流出などを、これによって統制しようとしたのである。飛騨口留番所は、金森氏が飛騨を治めた慶長年間に設置され、その三十一ヶ所のうちの十八ヶ所は、明治四年（一

【図1】平湯周辺図

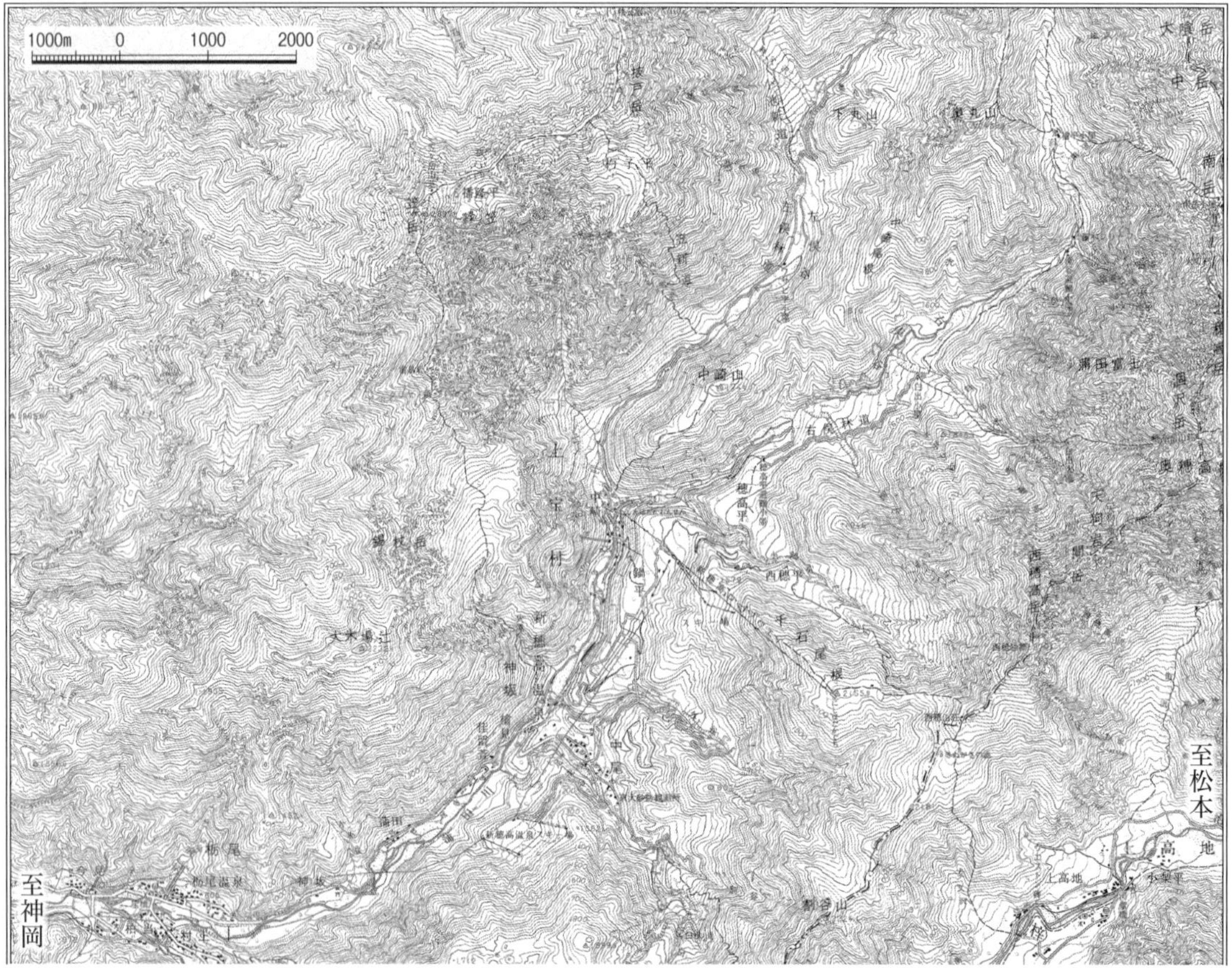
1000m 0 1000 2000
大喰岳
中岳
南岳
下丸山
東丸山
抜戸岳
中崎山
上宝村
穂高平
千石尾根
割谷山
上高地
至松本
至神岡
栃尾
栃尾温泉
大木場辻
神坂
中尾
蒲田

本図は国土地理院発行の1:50,000地形図を加工したものである。

八七一）まで存続した。平湯を含めた残りの口留番所は、寛政二年（一七九〇）以後に廃止されている[6]。現在の安房峠を越すルートは国道一五八号となっているが、信州に向かう本道の再開発が実現したのは、地元の人々の長きにわたる弛み無い努力があってのことだった。

乗鞍岳から流れる平湯川沿いには、平湯温泉の他に福地温泉や新平湯温泉が湧いている。また槍・穂高連峰が水源となる蒲田川流域には、新穂高温泉と栃尾温泉の湧出がみられる。新穂高温泉には、後に触れる旧蒲田温泉も含まれている。この五つの温泉は近年奥飛騨温泉郷と呼ばれ、多くの人に親しまれている。東部山岳地帯は一九三四年に中部山岳国立公園に指定され、この奥飛騨温泉郷を拠点に、登山や観光を楽しもうとする人々が各地から訪れている。

「平湯蒲田は岳下なれど　花が咲きます湯のはなが[7]」と民謡にも唄われているように、実は古くから知られていたのは、平湯温泉と蒲田温泉の二つであった。これは、次の資料からも明らかである。

宝暦六年（一七五六）十二月、高山に第十代飛騨代官上倉彦左衛門が着任した翌年、小物成《こものなり》の増徴が行われている。小物成とは、近世の雑税の総称であり、飛騨国では川や鱒川、薪、炭、桑、楮《こうぞ》、漆などの役があった。「飛騨国村々小物成吟味増永伺書[8]」によれば、この時同時に温泉役水も新設された。益田郡湯之嶋村、吉城郡高原郷平湯村、同神坂《かんさか》村の三つの温泉である。それぞれ、下呂温泉、平湯温泉、蒲田温泉の名で親しまれている温泉である。なお神坂は、古くは中尾と蒲田一帯を指して呼んでいたようである[9]。

代官が温泉役の増徴に努めるように促す書を出していることからも、江戸中期にはこの三つの湯が高山近辺での主要な温泉地として位置づけられていたことがわかる。湯之嶋村に平湯や神坂の三倍以上の高い役が課されているのは、三つの温泉地の中でも特に地の利が良く、湯治に訪れる人々で賑わっていたからである。蒲田温泉は、大正九年の大水害によって集落ごと流されてしまったが、しばらく後に下流の方で再び湯が湧出されるようになった。

(二)　旅人が記した平湯

平湯の地名は、小字に「湯の平」があることや、山の平らなところを方言で「平」ということなどに由来するといわれている。江戸時代の平湯の様子を少し文献で辿ってみよう。「枕の月　高原日記」と「御供の日記」を順に示す。

「枕の月　高原日記」は、近江国の海量法師が、旧知の田中大秀の招きによって飛騨の東北部にある高原地方を旅した時の歌日記である。これを記した田中大秀は飛騨高山の生まれであり、本居宣長門人の江戸後期の国学者である。時は文化三年（一八〇六）になる。

七月の初めに高山を訪れた海量法師は、八月三日に平湯山の滝に導かれて平湯へ出立している。平湯山の滝とは、今日平湯大滝の名で親しまれている名爆である。途中、八賀町の還来寺や岩屋等で休息を取りながら、旗鉾村で宿泊し、翌四日に平湯へ到着する。以下一部を次に引こう[10]。

> 四日、平湯のたむけをのほる、笹のしけみ露いとふかし、
> 久かたの雲井にみえし鞍かねの高根にちかき山わけゆくも　巳の時過る頃平湯むらにつきぬ、小林又八衛門三郎か家にやとる、こゝは先つとし浴場に来て、そのほとやとれりる（ママ）ける家なれは、人々いとなつかしけにいひて、あるししのゝしける、けふたき見むといへと、雨降出ぬれはいかて行えたまはむといへはとゝまりぬ、（中略）ひとひ湯あみなとしてくらしつ

平湯に着いた一行は、小林又八衛門三郎の家にまずは身を寄せている。小林家は、平湯と一重ヶ根一帯を任されていた名主の家である。先年も当家に宿を取ったというのは、田中大秀のことだろう。小林家の人々は、旅人を懐かしみ馳走してもてなしてくれたようである。あいにくの雨のため、大秀らは滝へとはやる心を抑えながら、この日は湯浴みをして過ごしている。それ程に、平湯山の滝はこの地の名所であったことがわかる。

またこの記述からは、身分のある者が平湯を訪れた際には、名主の小林家に宿を取るのが常であったと理解できる。翌日名爆に感嘆した一行が六日の昼に立ち寄ったのも、今見村の今見衛門の家だった。今見家も、古くから今見一帯を治めた名主であり、今見の村名はこの家の名前に由来していると同書にも書かれている。

「枕の月　高原日記」から三十五年を経た天保十二年（一八四一）、「御供の日記」が記されている。当時飛騨郡代であった豊田藤之進友直の巡視に随行した、地役人山崎弘泰の旅日記である(11)。同年四月四日に平湯を訪ねた時の様子を次にみよう。

此峠は鞍嶽のしたにて甚高ければ、嶺近う成りては若葉もいまださささず、桜の花所々に咲きて木深きかた蔭には雪さへぞ猶消残りたる、からうじて登りはてつるに、向のかたに平湯の嶽といふ山いと高く見えて、（中略）下り行かたもいとさがしく遠きに、此辺こそ笹魚多かる地なれば、とらばやとて人々尋ねつつ行く、峠の洞といふ所に至るに、平湯の村のむら長《おさ》ども御迎に出居て茶など奉る、猶下り行きてもずも川渡るほどに、此川ぞ安房瀧の末なりといふに、

もずも川かはのうち橋それならで
　先打わたす瀧の上のやま

村長の家にて物まゐりなどして、滝見に物し給はんと谷間の道に分け入る、近づくままに落どよむ音さへいと高く、七十《ななそぢ》あまり五尋《いつひろ》をひた下りに落来る水の勢、筑紫綿《つくしわた》つみかけたらんが如し

鞍嶽とは乗鞍岳のことである。四月とはいえ標高の高い地では若葉も見えず、一行はまだ残る雪を眺めながら歩を進めている。峠の洞までたどり着くと、そこには平湯の村長《むらおさ》たちが迎えに来ていた。そこで茶を一服した後、もずも川を渡り、村長の家で食事をしている。もずも川は、現在の平湯川になる。地役人の来訪ともなれば、村長は村境まで出向いて厚くもてなすのが役目であった。また、田中大秀の時と同じ様に、役人たちは村長の家に宿泊したことがわかる。そして、平湯では湯浴みもせずに、早々に滝見に出掛けている。

本書で安房滝と呼ばれる平湯大滝は、落差の大きい迫力のある滝であり、その水しぶきは絹の真綿である筑紫綿を積みかけたかのようだと表現されている。平湯を訪れる人々が多大な関心を寄せているのがよくわかる。この平湯大滝は、明治二十三年（一八九〇）に起きた濃尾大地震によって断崖が崩れ、滝壺は土砂によって埋没してしまう。このためそれまでよりも落差が短くなり、遠く平湯の集落まで響いていたといわれる落水の音は、残念ながら今は聞こえてこない。しかし当時その音を耳にした旅人は、まずは滝見物をと考えたのだろう。あるいはまた、滝などに宿ると考えられていた土地の神への挨拶であったのかもしれない。後にこの滝は、飛騨山脈を日本アルプスとして世界に紹介した、ウォルター・ウエストンが絶賛した飛騨三大名瀑の一つになる。

ところで、人々が求めたという笹魚とは、いったい何だろうか。これは篦竹《へいぢく》に虫瘻《ろう》が生じたものであり、その形が小魚に似ていたためにこのような名がつけられたようである(12)。その笹魚は、図2のように絵に描かれたり歌にも詠まれたりしている。地域の特産として、その笹魚のいるという笹原の若笹を使った粽も作られてきた。

この平湯の笹魚にまつわる伝承が、江戸時代の随筆「古今雑談思出草紙」にも記されている(13)。次のような内容である。

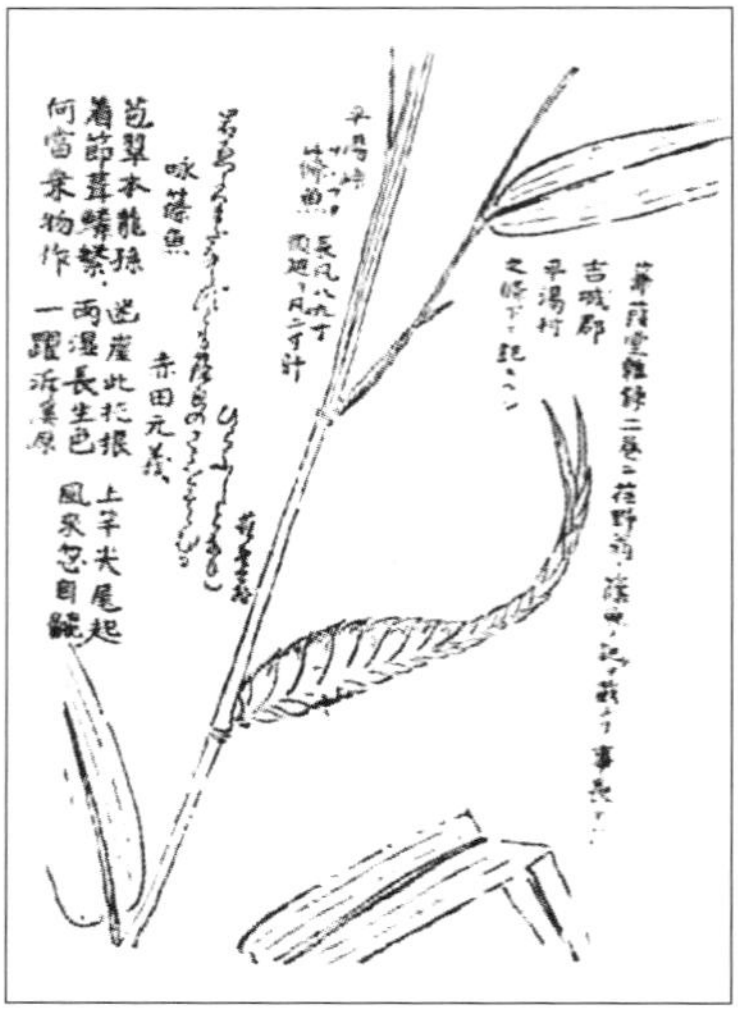
【図2】笹魚の図(『斐太後風土記』上巻 巻之三 大日本地誌大系刊行会、1916)
(国立国会図書館デジタルアーカイブより)

木立が茂り谷深い平湯山には、岩間岸などに沿って熊笹が多く生い茂り、長月の頃から降り出した雪は卯月の頃にようやく解けてくる。そのような中、熊笹の節に太い筆の軸ほどに、筍のような長さが四、五寸の、本も末も細く、中が膨らんだものが稀にある。その筍のようなものを笹魚という。雪が解けて、その笹魚が谷の水に浸ると生を改め、節を離れて水に遊ぶ。形はやまめという魚に似ているそうで、その名を岩魚と唱えるという。味もよく、笹についていて魚となり、尾鰭が動いたのを見た人もいるとか。

熊笹の節から離れた笹魚が、谷水の中で魚に変化して遊ぶ姿を人々は想像したのだろうか。奥山だからこそ生まれたような不思議な話である。一五センチ程度の大きさの笹魚だが、笹に偶然できた虫瘻の神秘を、形の似たヤマメなどの魚と結びつけて語っているのがわかる。

(三)　稗と産物

富田礼彦の『斐太後風土記』にも平湯の村の様子が詳しく記されている。『斐太後風土記[14]』は、一八六八年からの七年間に富田礼彦が書き留め、後の大正五年（一九一六）に飛騨叢書として刊行されたものである。富田礼彦は高山県判事であり、国学を先の田中大秀に学んだ人物である。内容をみよう。

平湯村　縦一町十間、横二十間、高十九石六斗三升二合。山林段別木数不詳。家十四戸。人別七十余人。

産物　稗三十八石二斗　布十四匹　蕎麦二十三石四斗　山葵七貫目　大豆八斗　小豆一斗

（中略）

此村の辟けし年代は、詳に知れざれども、深山幽谷の村落なれば、他郷他村よりは、遥に遅れて、最初は、隣村一重ヶ根より分入て、切開きし地ならむ。（中略）

温泉は、平湯村字浴場山（山名義不詳）下より湧出る。（中略）深山中無毛の地なれども、温泉ある故に、いつしか民戸を建並べて、其温泉を田ごとに引分て、稗苗を幾度も植更て、稍秋成を得て年を送ぬ。極寒地故、桑・麻は植ても枯頽て繁茂することあたはず。只菽《マメ》・小豆《アヅキ》・角豆《ササゲ》・仙台芋等を畑に作れり。其余は独活・蕨・狗脊薇《ゼンマイ》・蕗・芹等の野疎水菜もて食用とせり。

平湯村の開かれた年代は不詳であり、深山幽谷のため他よりも人が住むようになったのは遅く、隣の一重ヶ根からやってきた人たちが切り開いたのだろうと記されている。村の大きさや石高等についても詳しく記され、七十人あまりの人が暮らしていたとある。

産物には、稗や布、蕎麦、山葵等の名前がみえる。極寒のため農作に適さない土地ながら、字浴場《あんば》山の下から湧き出る温泉を田に引き、稗の苗を幾度も植え替えて丈夫にしながら育てている様子がわかる。苗を植え替えて強くし、寒冷な土地ながら温泉熱の利用によって、作物の栽培を可能にしていたのである。口絵4をみても、浴室の周囲には田が描かれている。他に、ソバやキビ、豆類やジャガイモ、仙台芋などの栽培も併せて行われていた[15]。

平湯の稗についてもう少し説明を加えよう。四月下旬の雪が消えてくる頃、田打ちをして下肥を入れた田に稗の種を蒔き、そこに少し温かい程度の湯を引き入れていく。五月下旬頃にその苗代田で一〇センチ程に成長した苗を他の田に仮植えする。これを「苗やとい」といい、密植された苗は順調に育ち、それを六月下旬に全てこぎ、本田植えしたのである。このように手間をかけ、温水を利用することで、寒冷地でも強い稗を育てることができたのである[16]。

平湯では稗が昔からの常食であり、その稗飯の調理法には主に二種類があった。一つはちぎった穂をそのまま干して水車で搗いた「白搗」であり、もう一つは穂を桶に入れて蒸し、それを干して搗いた「ウムシ稗」である。稗などを搗くための水車小屋の搗き屋は、安房峠へ向かう集落の外れに数軒が建っていた[17]。

また作柄の悪い時には、沸かした湯に稗の実を洗わずにそのまま入れて蒸していた。多くの家では二日分の飯をまとめて大鍋で炊くため、温かい飯は二日に一回程度だったという。温かいうちに食べる分には良いが、非常に細かい黒い稗の飯は、冷めると口に運ぶにもばらばらになるため、お茶などの汁をかけて流し込むように食べられていた。消化は良かったようである。

この稗飯では握り飯が作れないため、隣の福地では麦と粟の粉を餅にしていた。それを朴葉にくるみ、いろり火の灰の中で焼いて、小学校の弁当に持って行っていた[18]のである。おそらく、平湯でも同じような餅が作られていたと考えられる。

「平湯米の飯や、祭りか盆か、親の年忌か、年取りか」と盆踊りで唄われたように、平湯で米の飯が口にできたのは、盆や正月などの特別な日に限られていた。人々は、そのハレの時を心待ちにしていたのでる。魚は週に一度か二度、干しニシンやイワシが当たれば上の方だった[19]ようで、食材も少し前の昭和初期までは相当に限られていたのだった。

産物にあった天然の山葵は、村のいたるところに生えていたようである。清らかな渓水に生育した山葵は香気も高く、品質が良好だった。遠方からも多くの人に求められた山葵[20]だが、実は山鳥もこの葉が好きで、時に食べることがあるという。ちぎられた山葵の葉のまわりには山鳥の足跡が残されており、それは一目瞭然なのだった。平湯は、旧上宝村の中でも多くの山葵を産出する地の一つである。山鳥もその美味を味わってきたのかもしれない。

二、昭和の頃　―聞き書きを中心に―

少し時代は下るが、昭和の頃の平湯の様子をみてみたい。平湯節に、「平湯峠が　海ならよかろ　通い殿まと　船でこす。　お船こぎこぎ　山々みれば　お山浮いたり　沈んだり。[21]」と唄われているように、高山からの途中にある平湯峠越えは、決して楽なものではなかった。今では想像できないような山深い地での生活の様子が、聞き書きなどから浮かび上がってくる。冬の暮らし、冬の道具、狩猟と山の動物などを中心に、いくつかの角度から昭和の頃の平湯をみていく。少し趣向を変えた記述になる。

(一)　冬の暮らし

十一月の秋祭りが終わると、人々は漬物や薪を運び、軒下囲い、稗もらし、冬越し用の物資の仕入れなどの、冬に向けた準備を急ぐようになる。やがて雪が降り始めると安房峠の道路が通行止めとなり、春の雪解けまでは長い冬眠状態に入る。続いて平湯峠も車が通れなくなり、高山までは船津廻りのバスが頼みの綱となる。そのバスも、雪の具合で栃尾や長倉、見座までと、終点は次第に遠のいていく（三枝きみ「冬の道[22]」）。

長い冬の後に車が平湯まで入れるようになるのは、春も六月頃である。それまでは人の往来が限られ、ひっそりとして、寂しいものだった（中澤勇夫氏談）。

上宝村に初めて自動車が通ったのは、大正十二年（一九二三）だったという。トラックの運行は昭和三年に始まり、乗合バスが上宝村の本郷から国府間を走るようになったのは、昭和六年だった。村に電気会社ができたのも、昭和の初期だった(23)。話を元に戻そう。

雪の積もった平湯峠を歩いて越えるには、冬装束に身を包み、かんじきをしっかりと履いて出る必要があった。冬道に慣れた男性が先頭に立ち、道踏みをしながら一歩ずつ進めていく。峠に差し掛かると、急に壁のような坂道となり、殿下平を目指してただひたすら下って行く。深雪の時や途中で天気が荒れ出した日には、思うように足がはかどらず、かなりの時間を要することになった。

上久手に差し掛かったところにある一軒家で、人々はよく休憩をさせてもらっていた。家人の快い対応に皆は感謝しながら、雪靴のまま囲炉裏で一服したり、弁当を食べたりした。その家は、通行人にとって大切な峠のお助け小屋のような存在だった（三枝きみ「冬の道」）。久手から旗鉾を通り、日面などを抜けるとようやくその先に高山の町があった。健脚の人なら早朝に出て峠を越し、高山まで一日で行かれたが、途中にある丹生川村のどこかへ泊まるのが普通だった。高山までの道には、毎日誰かが通った足跡があったものだった。高山と神岡とは平湯から同じくらいの距離になり、この二つの町との交流が多くみられた（中澤勇夫氏談）。

平湯から上宝村の中心へ向かう道を、冬は「下道《しもみち》」と呼んでいた。山伏湯の坂や、餌掛《えさかけ》などを通る近道もあった。福地への近道の分岐点は「福地別れ」と呼ばれ、雪の大変な時には、集落の人がかんじきを履いてそこまで交代で道踏みをした（三枝きみ「冬の道」）。

村普請である。

昭和の頃は、男子は学校を卒業した後の十年間は青年団に入るものであり、青年団員は、雪が降った朝にはまだ暗いうちからお宮さんや薬師堂、学校への通学路を輪かんじきを履いて雪かきするのが冬の生活だった。氷踏みもした（中澤勇夫氏談）。

雪のひどい時には近くても遭難することがあったため、平湯への到着が遅れる人があった場合には、福地別れまで提灯を持って迎えに出ることもあった。快晴の日は良かったが、ひとたび荒れ出すと信じられないような猛烈な吹雪となって風が山を鳴らし、すぐ前も見えない状態になった（三枝きみ「冬の道」）。

平湯の若者の育成に尽力した篠原無然が、大正十三年（一九二四）に安房峠で命を落としたのも、猛吹雪によるものだった[24]。

冬に急病人が出た時には、病院へ早く着けるようにソリで運び出した。村中で峠越えを協力し合い、大勢で車の便がある町方の丹生川村までソリで運んだ。そこから車で医者のいる高山まで行ったのだった（中澤勇夫氏談）。

三月に入り、次第に雪が固まって歩きやすくなると、子ども達は「勝手のまいり、さかてのまいり」と大きな声を出しながら、喜んでどこまでも歩いたりした（三枝きみ「冬の道」）。

昭和十三年に安房峠が開通し、昭和十八年頃には平湯にもバスがくる。それでも、車が通れるのは六、七月から十月までの間に限られていた。昭和三十六年頃にブルドーザーを使っ

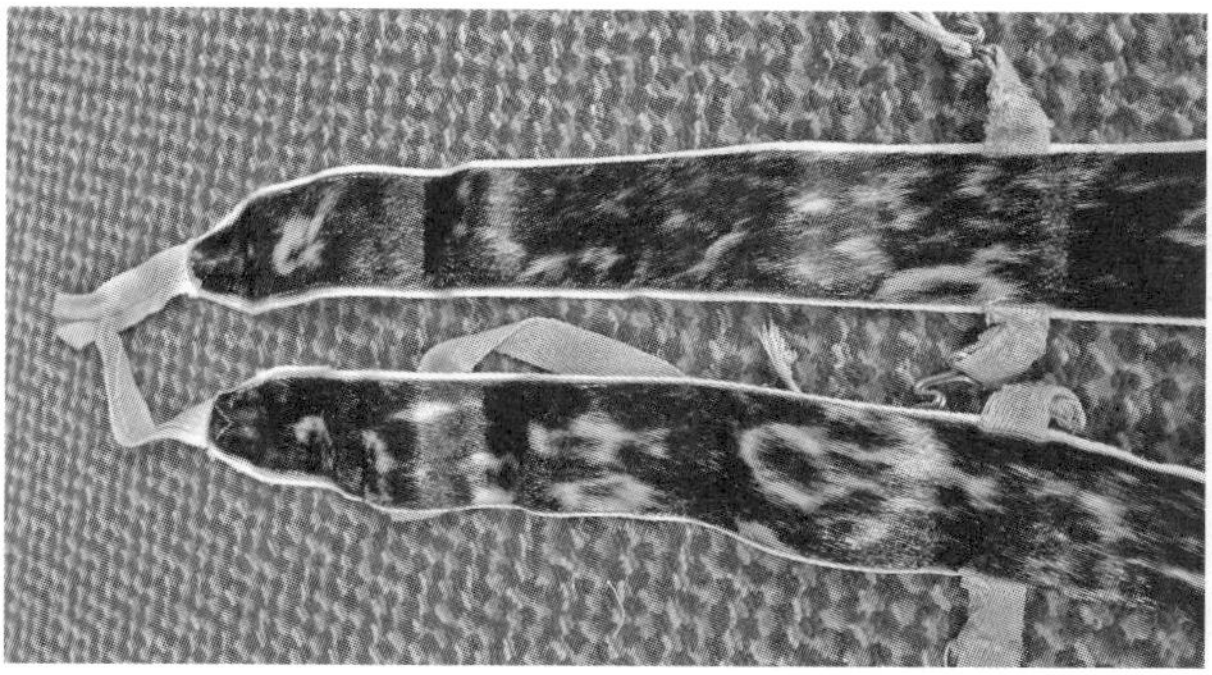

【図3】スキー板用のアザラシの皮
（中澤勇夫氏蔵）

た除雪が始まると、十二月中旬まで車が平湯まで入れるようになった。自転車は、昭和二十年代に二台くらいあったが、まだ運転できる人は限られていた（中澤勇夫氏談）。

後の昭和五十三年に平湯トンネルが開通すると、人の流れは大きく変化していくことになる。安房トンネルの完成は、平成を迎えてからのことだった[25]。

(二) 冬の道具―アザラシの皮と輪かんじき

昭和十年頃に平湯にスキーが入ってくると、交通がずっと楽になった。スキーは人々の冬の足になってくれたのである。登り坂には、すべ縄や俵などをスキー板の裏に固定して滑り止めにしていた。その後アザラシの皮をはめて、滑り止めにするようになった（中澤勇夫氏談）。アザラシの皮はザラザラとしているため、これも雪面を滑りにくくしたのである（図3）。

このアザラシの皮は昭和二十年代頃からあり、各家庭に一足分か二足分はあるものだった。高山のスポーツ用品店は三店舗あるが、その内一店が北海道産の本物のアザラシの皮を扱っていた。時には注文してから十年も待つことがあった。坂を下る時には、それらを外して滑ったのである。

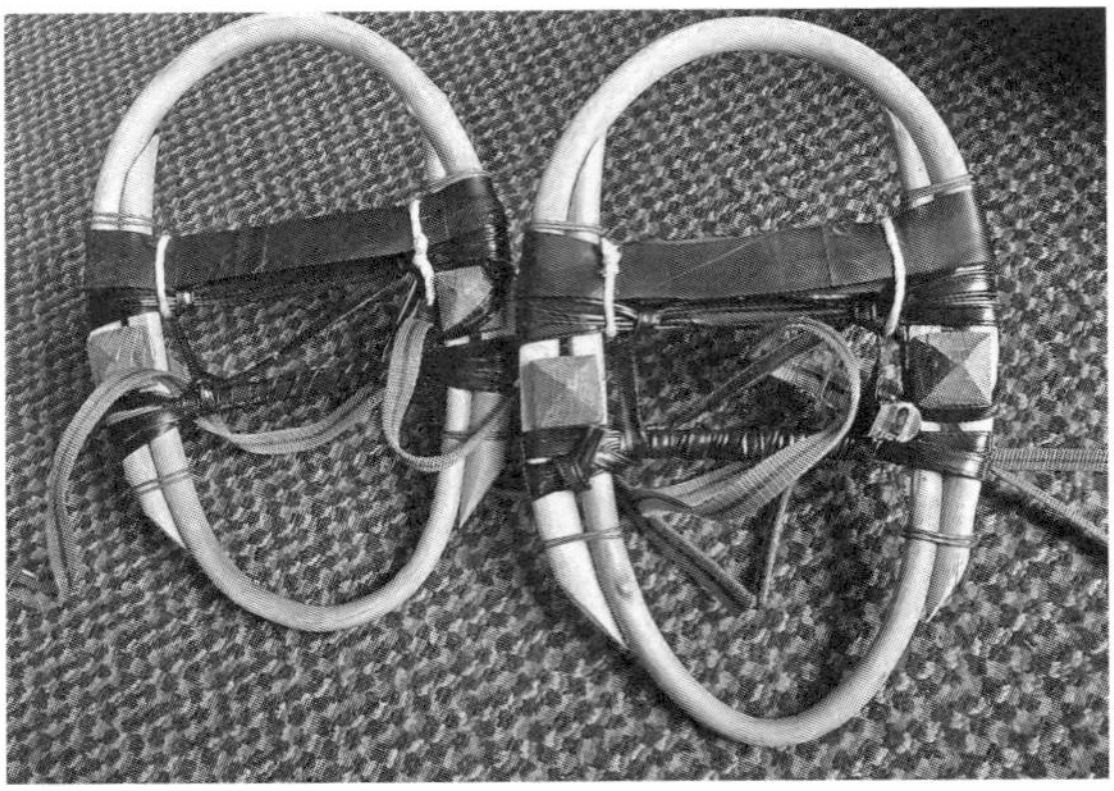

【図4】現代版の輪かんじき
（中澤勇夫氏作）

輪かんじきは各家それぞれに作るものだったが、現在平湯で作る人はただ一人だけになった（中澤勇夫氏談）。

中澤勇夫氏によれば、輪かんじきの材料は、五月から六月にかけて山で採ってきたマユミ(26)の木を使った。このマユミとは、ニシキギ科の樹木である。特にシロマユミが良いという。十年経っても生木のままで、軽くて粘りがあるためである。

まず山の清水に浸して木のアクを抜き、温泉に三、四日つけて曲げやすくする。この作業は秋から行う。輪かんじきの爪は、古木のナラの木を使う。目が詰まったものを仲間の先輩に探してもらって手に入れていた。また、樫の木も岡山などから手に入れていた。木馬《きんま》ゾリの爪に使われていたものを探したりした。爪には堅い木が良いので、楢の硬い部分を使う。昔は藁網で結んだが、午前中は寒さでそれが凍ってしまい、作りにくいという難点があった。現在は自転車のタイヤのチューブに使われている部分を利用するなどして、改良を重ねている。

輪かんじきは、三十年程前から作るようになり、十月から五月にかけての雪の中での仕事として続けている。一年に約三十組を作り、多い時には五十組ぐらいになる（中澤勇夫氏談）。

【図5】山に詳しい中澤勇夫氏

(三) 狩猟と山の動物─犬と熊と雪崩

一月の中旬から二、三月には、ツキノワグマ等の猟が行われていた。大木の下にある穴で冬眠する熊を追い出し、仕留めるのである。昔から熊を仕留めると、大雪が降ると言われていた。「熊荒れ」である[27]。

平湯では、昔は半分ぐらいの人が猟に携わっていたそうだが、最後は一人になって、今は猟をする人もいなくなった。山歩きをするぐらいだという。少し前までは害獣駆除のための猪猟も行われていた平湯の最後の猟師である中澤勇夫氏に、動物や猟にまつわる次のような話[28]を聞いた。

猟にはいつも犬を一頭連れて行っていた。雌犬の方が猟には適していたので、雌ばかりを飼っていた。雄は、朝の早いうちこそ元気がいいものの、午後になると家に帰りたがるようになる。一方、雌の方は夕方まで一日元気がよく、猟に役立った。これまで飼っていた二頭の雌犬には、危ういところで命を助けられたことがあった。

一度目は、紀州犬のシロと谷川へ岩魚釣りに行った時のことである。いつもはついて来ないのに、その日はどういうわけか車から降りたらシロもいた。それで一緒に連れて行った。

岩魚はその日に限って全く釣れないので、そろそろ引き上げようとした時、熊の気配を感じた。見ると、子連れの熊だった。犬がすぐに熊を撃退してくれたが、犬は大怪我を負ってしまい、白い毛が血で赤くなっていた。急いでリュックに犬を入れ、林道に出てトラックまで戻った。一時間半かけて高山まで行き、獣医に診てもらった。だいぶやられていたが、一週間ぐらいで治った。犬は強《きつ》い。

二度目は、冬の猟に行った二月の時のことである。雪山では、犬が喜んで山の尾根を走ったりすると危ない。ふわふわして柔らかい「アワ[29]」と呼ぶ雪の層が二つになった時に危ない。

この時も、自分の三〇メートルぐらい上にカモシカがいるのを見つけた犬が、カモシカを追って斜面を横切った。すると、そばのもみの木についていた雪が下に落ち、その振動によって雪崩が起きた。三〇メートルくらい上から幅一五メートルくらいのアワの雪崩で、ひらがすーっと落ちてきた。

犬が、雪に埋まってしまった自分の顔まわりの雪を掘って、息ができるようにしてくれた。アワに体を押されると、コンクリートで固められたように身動きができなくなる。それでも少しずつ体を揺らして隙間を作っているうちに、腕を一本ずつ外に出すことができて、最後は自力で抜け出すことができた。

底雪崩というのは、山の雪全部が落ちるものである。雪崩が起きやすいところには、木が育たないのでわかる。また、熊笹の下は特に危ない。笹の上に積もった雪で層ができ、崩れやすいのだ。

熊の居場所は犬が捜した。訓練したわけではないが、小さい時から熊を見つけると尾を振って回るので、それとわかった。もっとも、初めは犬も何をしていいのかわからなかったようだが、自然に学んだのだろう。二十六年間生きたシロは、亡くなる朝まで元気だった。

熊穴の入り口は狭く、中は暗い。熊肉のしゃぶしゃぶは、サラリとして美味しい。猪肉のしゃぶしゃぶなども美味しかった。肉は、冷凍にして切ると切りやすい。京都と滋賀との県境に熊料理専門店があって、熊肉はそこに出したりしていた。

熊胆は、富山の薬屋廣貫堂からも指名を受けたことがある程、良質なものを作り出していた。熊の胆のうは、新潟、岐阜、秋田などが有名だが、全国でも奥飛騨のものが一番良いという。これまでの最も高いものでは、百二十万円を出すと言った人もいた。

胆のうは、小さい熊でも良い場合があった。雄熊の若い盛りのものが、濃い色をしていて良い。一月ぐらいの、冬眠に入ってすぐの熊が良い状態の胆のうである。五年ぐらい前に「奥飛騨胆のう組合」を作った。

胆のうを加工するには、温泉の温風機の前で一週間ぐらいかけて乾燥させる。板に挟んで形を整えて。クレという木に障子紙などの和紙を挟んでいた。ベニヤ板でも良い。奥さんが上手だった。

冬仕事に出る時には、「シシの革」と呼ばれたカモシカの毛皮を着たり、犬の毛皮を着たりしたようである。雪が多く降っても暖かく、汗で濡れることもなく重宝したのである[30]。

ニホンカモシカは、昭和三十年に天然記念物に指定されて以来猟ができなくなったので、このあたりでも数が増えてきている。皮肉なことに、近年ではシカ同様に被害をもたらす動物として、全国の一部地域では駆除の対象にもなっている。

旧上宝村でも年に四十頭の駆除要請があった。ライフル銃なら三〇〇メートルぐらいの場所からニホンカモシカを仕留めることができ、耳を狙うと弾が頭を貫通したという。旧村では三十人が猟銃を保持していたが、ライフル銃の許可は、殺傷能力が高いこともあって下りにくかったようだ（中澤勇夫氏談）。

農林水産省によれば、現在鳥獣被害実施隊の隊員になった場合には、猟銃を継続して十年以上所持するという、従来のライフル銃の所持許可要件は緩和されている。それだけ、高齢化などによって猟銃の保持者が減少し、全国的な野生動物の被害が深刻になってきているということだろう。

(四) その他

・山焼きと地蜂

小学生の頃、山では山焼きをしていた。昭和三十年代には山に杉を植えていた。杉と檜では、八対二の割合で植えていた。

ナギに地蜂を採りに行くのを一緒に見ていた。地蜂の巣は土の中にあって、煙に燻されると蜂が出てきた。一センチくらいの痩せた黒い蜂で、蜂の子は大好物だった（村山昌夫氏談）。

飛騨地方の地蜂はクロスズメバチを指すので、この黒い蜂もクロスズメバチのことだろう。

山焼きすなわち焼畑は、上宝村では「ナギ」と呼ばれていた。江戸時代から昭和にかけて盛んに行われ、火入れの「ナギヤキ」の時期によって、春焼きと春夏両焼き、夏焼きの三通りがあった。村の東部にある平湯では、夏焼きが行われていた。稗や粟、豆類の順に、年ごとに異なる植物の種がナギに蒔かれていた[31]。

・**伊勢参り**

伊勢参りの代参講は、平湯では百年以上前から続けられている。初めは伊勢参りだけだったが、静岡の秋葉神社と津島神社も合わせた三社参りを、昔ながらの方法で長く行っていた。まず高山の駅舎から、一、二ヶ月をかけて、最短でも二十日で行っていた。六、七十年前のことである。

代参に出る人は、前の晩に親族で水盃をして道中の無事を祈ったものだった。その頃は二人で三泊していたが、今は五人が四月に一泊二日をかけて参拝している（中澤勇夫氏談）。

平湯に元々あった神明宮は、天照大御神や建速須佐之男神などの四柱を祀った神社である。伊勢参りが行われているのは、このためであろう。江戸時代に起きた火事で村が大きな被害を受けたこともあって、火伏せの秋葉神社の参拝は重要になったものと思われる。なお、津島神社は疫病や厄難災除けの神として古くから信仰を集めている。

・**墓地と葬礼**

墓地は、昭和四十年頃までは家の近くにあった。旧朝日館のあたりには墓が多かったが、住宅地の拡張に伴って、同年頃にバスターミナルの裏側へ移されている。昔からあった共同墓地へまとめられることになったのだった。棺は、毎年のように一、二日がかりで作っていた。埋葬は、座ったような形になる（村山昌夫氏談）。

いわゆる屈葬だろう。

通夜では、地元の婦人会が御詠歌を三十種あまり、一時間半ぐらいをかけて詠《うた》っていた（村山昌夫氏談）。

西国三十三ヶ所の御詠歌を詠う夜伽である(32)。

葬儀の時にはまず家で経をあげ、その後火葬場まで皆が大行列になって行った。黒紋付の袴を着ていた。そして火葬場で改めて経をあげた。昭和四十五年くらいまでのことだったか、人が亡くなった時には、近しい人が死者を担いで運び、野焼きで火葬した。遺体を焼くには四、五時間はかかった。薪を積んで、団子を端《くろ》に立てて焼いた。「おんぼ焼き」といったが、団子は子ども達が食べたものだった。川筋の集落は、皆同じようなやり方だった（村山昌夫氏談）。

・鉱山

平湯の鉱山には、大正年間に五十世帯くらいの鉱山会社の社宅があった。社宅はスキー場手前にあり、お社なども祀ってあった。大正五、六年頃か、当時は景気がよかった。平湯の住人と同じぐらいの人数の人がいた。社宅に住んでいた人はよそから来た人たちだったため、平湯の人との親しい付き合いはみられなかった。

平湯大滝の上流の裏山には、銅山が多かった。ヒジオリの地名がある。カラミは、銅を石から焼いて抜き取った後のものをいう。鉱山の廃坑は十以上あって、そのあたりには熊笹が多く生えている。銀山という字名のあるところでは、銀も出ていた。個人で鉱脈を掘り当てた人もいた。平湯と新穂高の採掘権を持つ神岡鉱山へ、掘ったものを持って行って銀に精錬していた。

アカンダナは、この辺の地熱では一番高い所で、「赤い棚」に由来するのではないか。焼岳の噴火と何か関係があるのだろう。昔は噴石か何かが落ちて来たことがあったらしい（中澤勇夫氏談）。

平湯大滝の東方上に金山があり、明暦三年（一六五七）に採掘が始まった。しかし思うような産出はなかったため、中止になった。その後も銀や鉛の産出を試みるが、思うような量の採掘はできなかった。これらに関係したのは、高山や信州、また大阪の人々であった[33]。

・大滝橋

大滝橋は涙橋とも呼ばれていて、今はコンクリートだが昔は木製のものだった。橋の位置は昔と同じ場所である（中澤勇夫氏談）。

この橋は、入湯して帰る人々を、宿の人が見送った場所であったため、このような名がつけられたようである。またここは、高山から入湯にくる客を迎える場所でもあった[34]。

川の上流に銀などの採掘場があったためか、川には今でも虫一匹いない。以前この川の水をお茶にして飲んだ人が、体調を崩したこともあった（中澤勇夫氏談）。

三、温泉場の変遷

(一) 江戸時代の温泉場

十九世紀初めの平湯の様子を地図にしたものがある。高山陣屋文書の中の「村絵図[35]」である。文化元年(一八〇四)に作成されたこの絵図には、高原川沿いに開けた平湯の集落が、字名と共に描写されている。口絵2にある通り、川は青く、山は緑に、そして道は茶色に描かれている。東を上にして各方角が示され、隣村も明記されている。道沿いには十三の丸印も見える。本図には記号についての説明はないが、同年に作成されている神坂の村絵図には、丸は家印との注がある。平湯の場合も、この丸印は家屋の位置を示していると考えられる。

四角い記号の横には「温泉」の文字があり、浴場であるのがわかる。その近くには、泉源とそこから流れる水路が二つ、一つは温泉へ、またもう一つは村の中央を通る細い川となって、やがて高原川に合流していく。温泉からやや南寄りの場所には、いくつもの樹々と「宮」の文字とが記されている。薬師如来の祠なのか神明宮なのかは判然としない。また本図で一つ気になる点は、稗田がないことである。畑の文字は各所に確認できるが、稗田の文字はない。神坂の村絵図には畑と共に稗田の文字も記されている。当時はまだ稗が作られていなかったのか、稗田も畑として記しているのかは、はっきりとしない。

この絵図には、地元の平湯村百姓代仁右衛門、組頭久左衛門、名主右衛門三郎の三人の連名がある。高山御役所へ宛てたものであるため、天領となった平湯を掌握するために作成された絵図

【図6】浴場（『斐太後風土記』下巻 巻之十五 大日本地誌大系刊行会、1915）

と考えられる。描かれた目的はともあれ、この絵図の存在によって、私たちは当時の村の様子を知ることができる。

一八六八年から富田礼彦によって書き留められた『斐太後風土記』[36]には、詳しい温泉の様子が絵と文章とで記されている。次の通りである。

> 村より一町ばかり行て、山下より湧出る温泉を樋もて浴室四区の（元来中の二区なりしを、近年左右二区を建添ぬとぞ。）湯斛へ分ち引入て、（清水の樋をも懸たり、熱湯に和て浴ぬ。効能を欲する人は、斛に湯の満たるとき、湯樋を外し、少時待て風にて湯の涼たる時、浴れば効能あり。）其に浴するに温湯甚清潔にて臭気なく、湯斛の底まで透徹て見ゆ。此温泉何病にも功験あり、別て頭痛・疝気・痔疾・腹痛等に奇験有ば、かゝる深山なれども、険嶺を超、危渓を渉て、四時断間なく、殊更春より夏秋は賑しく、高山・古川・船津を初め、国中村々の諸人、群衆する事、諸国の温泉場

にことならず。小謡・浄瑠璃・笛・三弦の音、甚楽しげ也。

浴室は四つに分かれ、そこに一町程離れた山下の泉源から樋で湯を引いていたとある。先の村絵図にも描かれていた泉源だろう。元々二つあった浴室は、建て増しされたようである。口絵4を見る限り、浴室の建物は三軒である。中央の大きな建物の中には、左右にそれぞれ一つの浴室があるのだろう。そして両脇に建てられた浴室が、新しいもののようである。

平湯の湯は熱いため、清水を加えて温度を調節しているとある。一方、湯の効能を求める人は、加水せずに一定量の湯をますに溜めて、それが自然に冷めるのを待っている。図のように、打たせ湯もあったようであり、男女の別なく豊富な湯水を味わっているのがわかる。田と田の間の道を通って湯上りの人々がのんびりと宿へと歩いている姿も描かれている。浴室の周囲には沢山の湯煙がのぼり、湯量の豊富さを表している。背後には薬師堂、またそのそばには神明宮もあり、遠くには笠岳が聳《そび》えている。

平湯の湯は透明で、臭気もなかったようだ。何にでも効く万能の湯といわれていたが、特に頭痛・疝気・痔疾・腹痛等に効力を発揮し、高山や古川、船津などの近隣をはじめ、各地から大勢の人々が深山までの険しい道程を経てやってきている。ことに春から夏や秋にかけては賑わったようであり、笛の音や小謡等が聞こえる楽しげな様子が伝わってくる。

(二) 明治時代から現代まで

明治期以降の文献には、温泉についてもう少し詳しく記述されるようになる。明治四十四年に

【図7】明治時代の共同浴場（村山昌夫氏蔵）

刊行された『飛騨山川』[37]を見ると、平湯を含めた近隣の温泉は次のように記されている。吉城郡の鉱泉には、硫黄嶽の麓に蒲田温泉、一重ケ根温泉、福地温泉の三つが湧き、乗鞍嶽の麓には平湯温泉と山伏温泉の二つが湧出していると書かれている。それぞれ山の麓に湧く湯であり、平湯温泉と山伏温泉は併記されている。共に炭酸泉で、温度はそれぞれ一八三度と一五八度とあり高温である。他に下ノ湯と称する一泉があるとも記され、明治期の平湯には、このように平湯温泉と山伏温泉、そして下ノ湯の三つの湯が沸いていたのがわかる。本書にはまた、次のような記述もある。

　温泉は三個所あり一つは［湯］と通称するもの浴槽最大なり、二は［下湯《しものゆ》］と称す浴槽小なり、前者は皮膚病梅毒、後者は腸胃病僂麻質斯等に効あり、三は［山伏湯］といふ浴槽なし。

　これらを照らし合わせると、前述の「平湯」が浴槽の大きい「湯」に当たり、皮膚病や梅毒に効能があるものになる。「下ノ湯」は浴槽の小さい「下湯」のことであり、腸胃病僂麻質斯等に効があり、「山伏の湯」は浴槽のない「山伏湯」

と理解できる。効能についての説明はない。三本の柱で橋を渡していた山伏の湯は、川のそばにある石で囲った露天風呂だったといわれているが、山の崩落によって今は跡形もない。現在は道路下に湧き出している茶色い湯の色が確認されるばかりである。

この山伏の湯には、名前の由来を教えてくれる次のような伝説が語り伝えられている。

・山伏の湯

平湯温泉の続きで、平湯川と安房川の合流点に山伏の湯がある。

或時、一人の山伏が来て、湧出する熱湯を、再び地下へ戻して見せるといって、煮えたぎる湧出口へ飛び込んで、呪文を唱え九字を切ったが、呪文の効き目がなく遂に山伏は煮え死んでしまった。それまでは湧湯で物を煮ることが出来たが、それ以後はぐら〳〵湧いているのに物は煮えなくなった。

（小鷹ふさ『飛騨口碑伝説[38]』）

山伏姿の行者は、重い病気も治してしまう不思議な力を持っていたとも伝えられている[39]。呪文を唱えると、熱い湯にも入れるようになると村で評判になり、山伏は得意になる。しかし、村の若者との意地の張り合いの末に湯の熱で命を落とし、それ以降湯ではものが煮えなくなり、その湯は人々に「山伏の湯」と呼ばれるようになったというのだ。

平湯に近い乗鞍岳は、修験の山である。本話は、当地を往来していた乗鞍岳へ向かう行者達に何か関わる伝説なのだろう。

『飛騨山川』には、平湯の集落について詳述した箇所もある[40]。

安房峠の頂上（国境）より降り一里にして［平湯］あり、此の地は上宝村の東南端に位する窪地にて四面群巒に囲まれ、地形南北に長く東西に狭く、海抜一、三八七米突、松本より十三里、高山へ八里、船津へ九里、戸数十六旅舎にあらざれば即ち雑貨店なり、田畑には稗、蕎麦、馬鈴薯等を作る（以下略）。

平湯にある家は、十六戸に数を増している。これらの家は、旅舎でなければ雑貨店と記され、皆が温泉に関わる仕事に従事しているのがわかる。田畑では稗、蕎麦、そして馬鈴薯が作られ、副業として農業も営まれている。

少し前の明治八年（一八七五）に書かれた『村地情景明細表』には、平湯村字湯の平について、「湯小屋二軒。浴客三五〇人。旅店無し。皆農家に宿す。浴場度数三度。明治六酉年の分改め。」と記されている[41]。

湯小屋が二軒というのは、「平湯」と「下ノ湯」のことを指しているのだろう。旅店すなわち専門の宿屋はなく、旅人が泊まる場合には農家に部屋を借りているのがわかる。先の資料でも見た通り、平湯の人々は農業を営みながら湯治客と関わってきていた。

平湯には、高山の旦那衆が約一月分の米を持ってやってきたと聞いている。高山の旦那衆とは、高山の町に多い旧家や富商であり、飛騨の社会事業などにも貢献した人々である[42]。そして多くの温泉場がそうであるように、平湯のそのような宿には木賃宿と旅籠の二種があった。木賃宿は、米を持参した客のみを泊める宿であり、旅籠は米がなくても泊まれる宿だった。米の収穫が難しかった平湯の宿では、本郷のあたりから米を買って客に備えていた[43]。また平湯には、米や味噌、酒などが、高山への手前にある丹生川村の久手から、歩荷の背でも運ばれていたのだった[44]。

【図8】大正時代頃の新しい共同浴場（右手）
（村山昌夫氏蔵）

明治初期の浴客の数は、年間ではおおよそ一七五〇人程である。蒲田温泉のある神坂村の一三五人とは、かなり違いがあるのがわかる。四月から急に客数が増え、五月と七月に約四〇〇人と最も多くなる(45)。険しい山道を徒歩や駕籠でやって来るにはちょうど良い季節である。その後十月にはかなり数が減り、十一月以降は一桁になる。雪が溶け始める春までは、客足はしばらく少ないままになる(46)。

明治時代は平湯鉱山に多くの人が集まり、それに伴って生活に必要な物資が数多く運ばれていた。鉱山に荷物を運ぶ丹生川村の歩荷たちは、仕事が終わると平湯の木賃宿にとまり、自炊をしながら一週間近くを過ごしていたのだった。夏季の浴客の数には、このような働き手たちも含まれていたようである(47)。

続く大正六年の『飛騨国中案内』に記された温泉をみると、「温泉あり名湯なり、（中略）当村の内八町下、谷川の落合、則字［落合］と云ふ、此処に温泉三ヶ所あり、一ヶ所は温泉を樋にて取、滝に致す（以下略）」との記載がある(48)。この滝湯の茅葺の建物の手前には、皮膚病にかかった人々が入っていた、乞食湯と呼ばれる湯があったとも地元では伝えられている。皮膚病が伝染するのを恐れて別に浴槽を設け、それを乞食湯と呼んでいたのがわかる。名前から察するに、恐らく湯銭の払えない病人に

【図9】大正4、5年頃の平湯温泉全景
（村山昌夫氏蔵）

も広く開放した湯だったのだろう。

滝の湯は後に字名にちなんだ湯上の湯と呼ばれるようになったようである。滝の湯の名は、上方から滝のように流れる湯が共同浴場へと注がれていたためである。常に湯水が流れていたこともあって、隣の石垣の間からは時に蛇が顔を出し、浴客を驚かせていたとも聞いている。

浴場は薬師堂のすぐ近くにあり、硫黄を含有する泉質だった。近年では鉄分の多い湯に泉質が少し変化してきているが、この辺りでは最も古い湯だといわれている。平湯の湯は野菜を茹でるのにも使われ、浴場の湯としてだけではなく、人々の生活に密着した存在でもあった。

大正十年頃になると、薬師堂前の共同浴場は壊されて、村の中心に新たに建てられることになる。ちょうど大正十年に平湯と一重ヶ根の間の道が改修され、馬車の往来が多くなり、船津からやってくる客が増えてくる。それに合わせての移転だったのだろう。

新しい共同浴場には、男女別の湯を各二つと、その間にクオト湯という上等な浴槽も作られた。ステンド

【図10】大正時代の村山旅館。中央には自転車もみえる
（村山昌夫氏蔵）

ガラスのあるモダンな建物であり、北アルプス登山の帰りに来訪された秩父宮は、こちらに入湯されたのである。昭和五年のことである。

木賃宿が始まる五月頃になると、船津の商人が湯治に訪れ、六月には高山の商人が多くなる。百姓は農閑期や九月一日の盆の頃に、一週間から十日程滞在したのだった。そして大正末には木賃宿も次第に少なくなっていった[49]。

共同浴場は十四軒によって管理されていた。平湯の宿は、昭和四十年頃までこの十四軒で営まれてきたと伝えられている。「平湯十四軒」の言葉もあり、三蔵、久蔵、かさや、仁右衛門、おっちゃ、うえ、なかしゃ、源蔵等が、古くから宿を営んできた家の屋号であった。この十四の数は湯株とも関連しており、時代の流れと共に売買されることもあったが、それぞれが共有の湯株を保有しながら宿を経営してきている。旅館には内湯も作られるようになり、現在の平湯には二十三軒程の旅館がある。また、平湯の湯と神の湯の共同浴場の他に、三つの足湯が旅人を誘っている。

旅館の経営は、決して甘いものではないといわれている。村山昌夫氏は、「十年で元が取れなければやるな」と経験者に教えられたという。長い経験の中から生み出された処世訓である。また同時に、「旅館はお客が来ればこんなに儲かる商売はないけどな」ともいわれ、商売をしていく上での見切りの大切さが説かれているのがわかる。昭和四十年代後半から六十年代にかけて、平湯は客で溢れていたと語られている。乗鞍岳の人気や登山ブームなどもあって、都市からの客が多くやってきた時だったのである。

四、語り継がれてきた伝説

㈠　温泉の由来

平湯に伝わるいくつかの伝説の中で、ここでは主だったものを二つみよう。一つは温泉の由来を説く温泉発見伝説である。平湯で聞き得た話を次に紹介する。

①平湯温泉の起こり

永禄年間に、武田の軍勢が飛騨高山へ攻め込む途中、安房峠を通る時に焼岳の流煙に吹かれて参っていたところ、安房峠付近で一匹の白猿が平湯温泉を案内して。その頃はもちろん人家はなかったんですけども。露天風呂といいますか。

昔は、私が物心つく頃には、いたるところに自然に温泉が出ていてね。全部そこ鍬で掘って、石で水溜りを作って山菜とか野菜を茹でて食べ物にしてたってね。自然に湧き出る温泉が方々にあって。その頃は寒暖計で計った覚えはないんですけども、手をつけてもつけれんくらい熱くて。菜っ葉類がすぐ茹るぐらいの温泉が方々出てたって。

武田の軍勢は、谷川から水を引いたりなんかして、湯の温度を調整して、それでいわゆるお風呂に浸かって英気を養ったってね。それが平湯温泉の起こりだって。

（中澤勇夫氏　筆者聞き書き(50)）

【図11】山中にある神の湯
手前が男湯、奥が女湯になる。土砂崩れのためしばらく休業になっている

【図12】現在の平湯
少し道を下った左手に平湯神社と薬師堂がある

温泉があちこちに自然湧出している様子がよくわかる。水溜りにできた天然の露天風呂に猿も入っていたのだろう。その様子を武田の軍勢が目撃したわけである。

地元で語られているこの白猿は、年老いて体の毛の色が白くなったものだといい、その猿が怪我をした武田軍を温泉に案内したと伝えられている。また、武田の軍勢が安房峠を越えてこちら側に降りてきたのは、現在の神の湯のあるあたりで、焼岳の硫黄の煙に当たって疲弊していたところを助けられたと語る人もいる。峠の付近では、時に亜硫酸ガスの噴出がみられ、今でもこの影響と思われる車の事故が発生しているという。もう一つの話を次にみよう。

②平湯温泉

永禄七年、甲斐の武田信玄が、飛

騨攻略の際、その武将、山県三郎兵衛昌景が兵を率いて安房峠を越えて平湯へ降って来た時、前方に白い猿の姿を見た。

而もその猿は故ありげに後を振り返り振り返り靄の中へ消えて行った。兵は不思議に思い、その後をつけて行くと、もうもうたる湯煙の中に温泉が湧き出て、その中に先程の白猿が首だけ出して浸っていた。思わぬ所に温泉の湧き出ているのを見た兵士達は、天の助けとばかり湯に浸り疲れをいやしたという。

（小鷹ふさ『飛騨口碑伝説[51]』）

伝説に登場する猿だが、近年は集落への出没や猿による被害が多くみられるようになっている。平湯近郊には十五匹から二十四匹ぐらいの群れが三つあるともいわれている。昔は今よりも猿の群れが人目に触れることは少なかったようだが、群れから離れた一匹猿は、「入道猿」と人々に呼ばれていた。一匹で行動する猿がよく目にされていたのだろう。寛政十二年（一八〇〇）刊行の『游平湯温泉記』に、「終夜只鹿猿の聲を聞く」と記されている[52]ように、静かな平湯の夜のしじまには、鹿や猿の声ばかりが響いていたようである。安房峠のような深い山の中になら、猿が生息していた可能性は十分に考えられる。山中を彷徨する軍勢と、山の獣である猿との偶然の出合いが、温泉の発見に繋がったと本話では語られている。

武田の軍勢だが、確かに史実として安房峠越えはあったようだ。永禄二年（一五五九）に武田軍は高原郷の江馬氏を降伏させ、永禄七年（一五六四）には武田の武将山県三郎兵衛尉昌景（以下山県三郎昌景）が、江馬氏の降伏を確認した後、三木氏の城を攻め落としている[53]。地元でも、信濃から飛騨高原の方へ攻め入るには、当時のルートとして安房峠を越えるのが自然なこととして考えられている。この山県三郎昌景は武田二十四将の一人であり、武田軍の中でも重要な家臣

【図13】「平湯記」
（小林武氏蔵。村指定文化財）

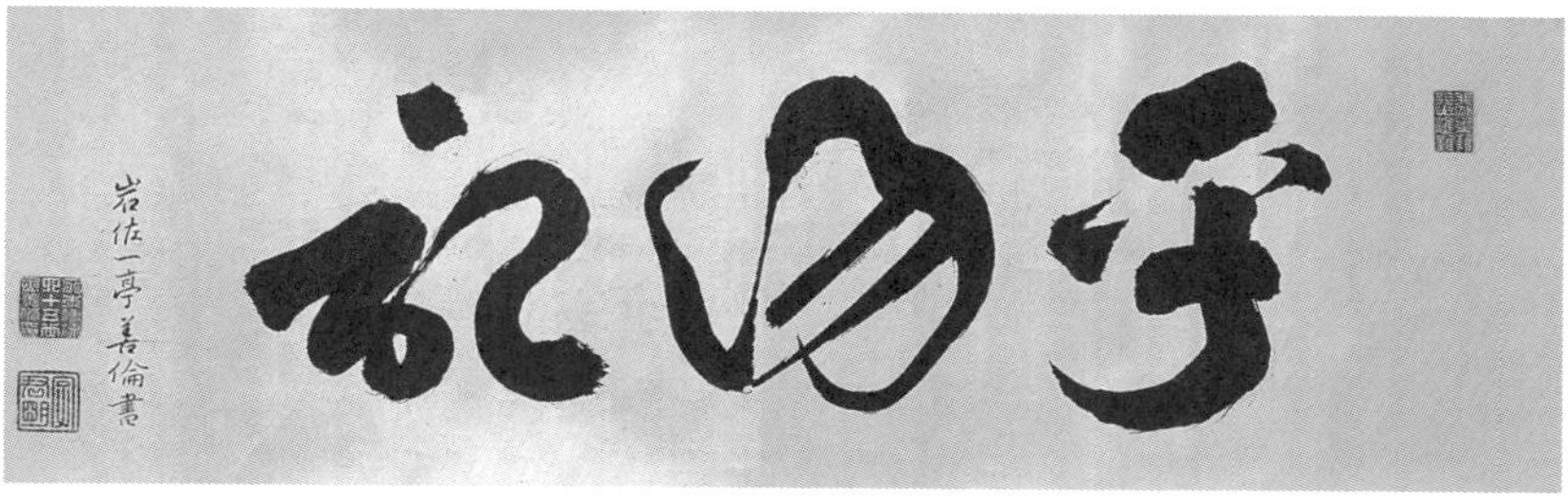

【図14】「平湯記」題字（小林武氏蔵）

の一人であった。

　平湯に伝わるこの伝説が記録された最も古い文献は、「平湯記」になる。「平湯記」は、「平湯温泉記」や「平湯霊泉記」とも称される、貞享二年（一六八五）に角田亨庵によって記された温泉記である。角田亨庵は、金森藩の儒医を務めた人物である。

　しかしながら、残念なことに当時の原本は今はもうない。寛政六年（一七九四）に起きた村の大火によって、「平湯記」は焼失してしまったのである。その後、文政九年（一八二六）に儒学者の赤田臥牛と国学者の田中大秀の二人が、他に伝わる写本を元に「平湯記」を復元させることになる。田中大秀は、前述の通り平湯に縁のある人物であった。題字には、山岡鉄舟の師匠であり高山の人でもある、岩佐一亭の書が収められている。

「平湯記」を所蔵しているのは、先にみた小林家になる。小林家は、代々右衛門三郎の名を襲名しており、通称は与茂作であった。当家は平湯村と一重ヶ根村の名主を長きにわたって務めていた家だった。

十三代目の武氏の祖父の代からは襲名をやめたようだが、それでも、十二代目が與茂蔵《よもぞう》の名前であったのは、与茂作を想起させるのに十分である。小林家の先祖は足軽だったとも伝えられている[54]。

「平湯記」に記されている内容は、おおよそ次の通りである。

武公山県某すなわち山県三郎昌景を上将とした軍を、侵攻のために使わせる。山県三郎昌景は鉞《えつ》を受けてそれを手に出立する。彼らが野宿をしながら険しい地を行く時に、毒霧によって手足が痺れ、武具を持って走ることができなくなる。どうしようもなくさまよっていたところ、一匹のよろめいて進めない老いた白猿が浴するのに合い、軍士は皆怪しみそれを見ている。しばらくすると白猿は跳梁して去って行ったので、それが霊泉であることを知る。軍士が競って浴したところ、元気になって武具を握り、馬にも上がれるようになる。

それ以降、遠近にその霊泉は伝えられ、様々な病を抱く者たちがこぞって訪れるようになり、皆その験を受けない者はなかった。

先にみた二つの話では、猿が案内するかのような仕草をしたとあったが、ここでは偶然に白猿が沐浴しているのに出合ったと記されている。たまたま見かけたのである。猿が案内したというのは、わかりやすくしようとした後の時代の脚色と考えて良いだろう。

元気になって去って行った白猿の様子から、その湯が霊泉であることを知り、兵士達も自ら湯に浸かって効能を体感することになる。白猿と武田の兵士達との出合いによって、湯は人々の知るところとなり、様々な病に苦しむ人々がやってきてはその験を享受したと伝えられている。

(二) 薬師如来の来歴

「平湯記」に記されている伝説には、もう一つ重要なものがあった。薬師如来像にまつわる伝説である。平湯の薬師如来像の来歴については、地元でも語り伝えられている。まずはこちらからみることにしよう。

①平湯の金仏様

郡上八幡の殿様が体調を崩し、平湯に療養に来た時に、お世話をした名主の娘を気に入って、帰る時に連れて行ったたって。悲しんだ両親が会いに行ったたが会わせてもらえない。娘は自分の形見として金仏を作らせ、両親が寂しくないように家へやる。それから金仏を薬師として祀るようになった。

（田中孝次氏・村山昌夫氏　筆者聞き書き[55]）

金仏様というのは、薬師如来像のことである。そして名主とは、先にも出てきた小林家のことである。郡上八幡の殿様が療養のために平湯を訪れ、宿となった小林家の娘を気に入ったと語られている。湯治を終えて帰郷する際、殿様がその娘を一緒に連れて行き、娘の両親は悲しみに沈むことになる。一目娘に会いたいと訪ねても、会うことは許されず、両親を案じた娘が金仏を作らせ、それを自分の代わりにと願って寄越してくれる。その後両親はその金仏様を薬師として大

【図15】大正時代頃の薬師堂。左は平湯青年倶楽部の建物（村山昌夫氏蔵）

切に祀るようになったと語られているのがわかる。

平湯に実在する薬師如来像は、左手に薬壺《やっこ》を持つ確かなる薬師如来像である。薬師如来は、衆生の病気を治し、災難を鎮めるのを本願としていることから、多くの温泉地で信仰を集めている。

大きさは約一二センチメートルの座像であり、藤原朝のものとの説もある[56]。この如来像が収められている漆塗りの厨子の背面には、

奉修後開眼供養　本尊薬師如来　国分寺暁鍋
嘉永六癸丑年七月吉日　飛州吉城郡　平湯村
小林右衛門三郎

の文字が記されている。これにより、薬師如来像の制作年代は、少なくとも嘉永六年(一八五三)よりは遡るものと理解できる。

厨子の内側は黒く見えるが、元々は金に着色されていたようである。昭和二十年以前に像を見た人は、金色だったと伝えている。また、薬師如来像には今はない光背が付いていた形跡もある。正面からは金属でできているように見えるため、金仏様と呼ばれたといわれているが、裏側を見ると木像であることが

わかる。あるいはまた、鉱山との関わりによってこのような呼称が付けられたとも考えられる。平湯は鉱山でも栄えた歴史を持っていた。

「平湯記」には、この薬師如来の由来の話の後に、もう一つの話が記されている。内容は、次の通りである。


信州から神巫が渡り歩いてきて、ここに辿り着いた。くさむらの祠に匂いのする野菜を供え、細かい草の幣を捧げた。すると金音が鳴り響き、薄衣の衣がひるがえると、たちまち神巫は驚き叫び、倒れ死んだ。里人がすぐに助けに行くと、体には傷はなかったが、舌がなくなっていた。その神霊の怒りか、山鬼がしたことか、奇異なことだ。

【図16】旧薬師堂
（村指定文化財）

神霊に対する無礼への報いなのだろうか。あるいは山鬼によるものなのだろうか。一瞬にして命を奪うような有様には、薬師如来の強い力が示されているようである。

「金仏様」と親しまれてきた薬師如来像は小林家に伝わり、また平湯の人々に大切にされてきたものでもあった。戦中の慌ただしい時期には一時小林家に安置され、小学生が学校の行事で拝みに行くこともあった。だが、近年になって薬師堂の管理者登録が必要となったため、それ以来薬師如来像は、薬師堂と共に一重ヶ根の禅通寺の管理下に置かれることになった。

薬師如来の伝説をもう一話みよう。

②平湯の薬師様

昔から吉城郡上宝村平湯は、万病に効く湯の里として有名であった。

この里に小林右衛門三郎という人あり。この人の娘は稀に見る美人であった。

或時、郡上八幡のお殿様が、家来を連れて湯治においでになり、名主小林右衛門方にお泊りになった。主は大変喜んで大切に接待をした。

そのうちお殿様は娘を見そめ余の妻にと乞われた。右衛門は只一人の跡取り娘故、たとえお殿様でも、それに身分のちがいもあり、お断りをしたが、お聞き入れがなく、お殿様はお城へ連れてお帰りになった。

一人娘を取られた右衛門は、その後何の便りもない娘に、一目会いたいと思って八幡のお城へ訪ねて行った。

たとえ自分の娘でも城主の奥方故、そうかんたんに会うことは出来ず、城下の宿に泊って娘に会うことの出来る日を待っていた。

すると奥方が墓参の折にお会いすることが出来て父娘は、つかの間の逢瀬を喜んだが、最初で最後の対面であった。その時奥方は一体の仏像を父に渡し、これを私の形見にして下さいと涙ながらに城へ帰って行った。

その話を聞いた里人は、薬師如来を祀るための薬師堂を建て、その前に十二神将を祀る前堂も出来、五月八日は薬師如来のお祭である。

（小鷹ふさ『飛騨口碑伝説[57]』）

こちらも、郡上八幡の殿様に見初められた小林家の娘が、後に連れて行かれたという内容である。娘が一人娘である点や、尋ねた父が墓参に出た娘に会うことができた等の細部の違いはあるが、大筋は前話と同じといえる。詳しい説明が付け加えられているようである。

ところで、この郡上八幡の殿様が来村したというのは、史実なのだろうか。前述の通り、本話も「平湯記」に書き留められていた[58]。次のような内容である。

> むかし尾陽の人が、豊旗次村の古い家の、艶容《えんよう》な一人の娘を娶って連れて帰る。何年か後に、両親の翁《おきな》と媼《おうな》が連れ立って婿の家を訪ねる。しかし門は高く宮は深く、会うことは叶わず嗚咽しながら帰った。すると娘は医王の金像を鋳造《ちゅうぞう》して、両親に送ってくれる。そして朝晩に私に会いたくなったなら、この像を自分だと思ってみてくださいという。
> 娘の思いに感泣した父母は、温泉の傍に社を建ててこの像を安置した。今もなお、それはここにある。

医王の金像というのは薬師如来を指しているのだろう。先にみた「平湯の薬師様」の最後には、里人が薬師如来を祀る薬師堂を建てたとあったが、娘の両親が湯の近くに社を建てて安置したと記されている。「平湯記」をしたためた角田亨庵も、平湯来訪の折には小林家に滞在したと考えられるが、その時に主人から聞いた話がこのような内容だったのだろう。

平湯にやってきた人物については、尾陽の人と記されていた。尾陽は尾張の別称である。他にも、「津の郷士」[59]と語る伝説もあるようであり、定かではない。しかしながら、有力者が平湯に赴いた時には、名主の小林家に宿を取るのが常であったことを鑑みれば、いずれかの偉人が娘を見初めて連れて帰ったというのは、十分に考えられる話である。そして平湯の薬師如来像は、親子の別離と娘の親を想う気持ちから授けられたものだと、長く語り伝えられてきたのは紛れもない事実である。

ここで、一つ気になることがある。今見の右衛門については先に触れたが、今見家の先祖はまた、村上天皇、あるいは後村上天皇の落胤とも伝えられている。江戸時代には、東部十ヵ村兼帯名主を務めている[60]。金森氏が飛騨に入部した後には、今見家とも関わりを持ち、また別に、鉱山開発の活躍によって金森長近に金森姓を名乗ることを許された金森宗貞は、成人した今見家の子に娘を嫁がせたと伝えられている。嫁入り時には見事な道具を持参して、長く家宝となったという。その詳細についての記録も残っている[61]。事実であったかどうかはともかくとして、有力者の娘が今見家に嫁いだと語られている点が注目される。

「平湯は与茂作、今見は右衛門、二頭」と唄にも唄われる程に、小林与茂作と今見右衛門とは奥飛騨の東部では有力な家として存在していた。天保年間の「村絵図」を見ても、平湯には小林右衛門三郎が名主として署名し、神坂の名主には今見右衛門の名前が記されていた。「温泉記」も、平湯と神坂の蒲田それぞれに角田亨庵によるものが残されていた。また、平湯の薬師如来が、親を想う娘の真心によってもたらされたと語られているのに対して、蒲田温泉の由来を伝える伝説は、父の病を治そうとする孝行息子を説くものであった。

これらを鑑みると、小林家の娘が郡上八幡の殿様へ嫁いだというのは、今見家の先の話の内容に拮抗するものであり、二つの伝説の間には、小林と今見の両家が対立する形が見えてくる。有力な家との繋がりを持つには、娘の嫁ぎ先は郡上八幡の殿様、すなわち金森氏であることが望ましくなってくるだろう。

五、平湯の二つの祭り

平湯では、四季それぞれに応じていくつかの祭りが行われているが、その中には特に温泉に関わる内容の祭りがある。薬師祭りと湯花祭りである。薬師祭りは毎年五月八日に、湯花祭りは五月十五日に行われている。この二つの祭りがどのようなものなのか、順にみていこう。

(一) 薬師祭り

【図17】薬師祭りの幟
（薬師堂 5月8日）

祭りが行われる五月八日は、薬師如来の御縁日に当たる日である。薬師祭りは、薬師堂の建立や先に見た薬師如来像の存在から、遅くとも十九世紀には行われていたものと推察される、古い祭りである。祭りの詳細を、時系列に沿って次に示そう。

八日の朝は、各戸からの代表者が十時に薬師堂前に集まり、堂内外の清掃を執り行う。参道には、先端に野花を掲げた二本の幟が立てられる。通常は閉め切られている薬師堂の全面の戸を開き、供え物等の準備が進められていく。

現存する古い薬師堂は、文政九年（一八二六）に建立されたものである(62)。昭和四十九年に村の文化財に指定されるに際して、防火対策のために周囲をコンクリートで覆うことになり、現在はコンクリート製の鞘堂によって保護されている。薬師堂内にある奉納物には、信州佐久郡桜井村願主によるものもあり、信州から平湯を訪れる人々がいたことがわかる。時は天保九年（一八三八）七月である。

その建物の手前にはまた、大正二年に建てられた、古い薬師堂を原型にしたという大きな薬師堂がある。古い薬師堂に繋がるこちらには、薬師如来の眷属とされる十二神将が安置されている。また天井には、高山近郊の絵師などに依頼して回ったという、見事な絵や文字がはめ込まれている。一つひとつが一作品となっている。

【図18】薬師祭りの朝

【図19】薬師堂天井画

【図20】薬師堂天井画（部分）

【図21】地蔵供養
（5月8日）

薬師堂を訪れた円空が奉納したという五体の円空仏は、以前は古い堂内に置かれていた。しかし、県内で円空仏の盗難被害が相次いだことを受けて、現在は禅通寺内に保管されている。薬師如来像も同様である。円空は二度高原郷にやってきたといわれ、この禅通寺にも約一年滞在していた。臨済宗妙心寺派の禅通寺が、一重ヶ根上垣内にある(63)ことは、前にも触れた。

同日の午後になると、禅通寺住職と町内会長、観光協会会長等八人の役員が、平湯各所の石仏供養に出立する。回るのは五ヶ所であり、神の湯の不動尊、円空上人の記念碑、平湯峠へ続く山の口近くに祀られた石仏九体、平湯大滝の麓にある不動尊、そして高山からの街道沿いに置かれていたものをひとところに集めた石仏群の順になる。この五ヶ所を訪れて、花などを手向けて念仏供養を行うのである。これらの場所はみな、平湯の集落と他地域との境界に当たるところである。年に一度の供養によって、生者のみならず死者の安寧をも図っていると考えられる。集落全体の安全を守ろうとしているようにも感じられる。

十五時からは薬師堂での本祭となる。平時は禅通寺にある薬師如来像が新薬師堂に安置され、住職の読経に続いて参加者も指定された経を次々に唱和する。その途中、関係者は順にそれぞれ容器に入れられている生きた鯉とふぐに向かって、榊で清祓の儀を執り行う。また焼香も続けて行う。図22のプラスチック製の容器は、昔は木製の盥や桶だったのだろう。その鯉等の入った器の周囲四方には、山から伐ってきたという野生の榊が立てられている。また、しめ縄も張り巡ら

【図22】鯉供養を待つ魚たち

【図23】薬師祭り後の直会（薬師堂前にて）

されていることから、結界が張られているのがわかる。

その後香炉が参加者全員に順送りされて、回し焼香が行われる。最後は住職の法話で締めくくられ、境内では首を長くして待っていた子ども達に、菓子が撒かれる。祭りを見学したこの年は、カラスに菓子の一部を掠め取られ、若干少なくなってしまったようだった。カラスが狙っていたのはおそらく魚の方だったのだろうが、守りが堅かったために対象を菓子に替えたようだった。

本祭が滞りなく終わると、薬師堂の前で住職や役員を中心にした直会が開かれる。直会では、奉納されていた酒や供物の赤飯を必ず共食する。他にも用意されたこも豆腐等の郷土料理を食しながら、堂の補修の段取り等が話し合われる。またこの年は、高齢の女性から特別に淡竹《はちく》が提供され、添えられた自家製の味噌と一緒に皆で春の味を楽しむことができた。薬師祭りを心待ちにしていたと思われるその人に、昔ながらの供し方を感じた出来事だった。昔は直会の郷土料理も、集落で作られたものだったのだろう。

直会は、本来は神社祭祀の後に行われる、神饌を下ろした後に人々がそれを食することをいう。また、鯉供養での榊の使用や清祓の儀も、今ではもっぱら神社で行われるものになる。薬師祭りのこのような光景は、神仏が分離される前に普通に行われていたような、神仏習合の姿を彷彿とさせるものである。

地元の人達の話によると、薬師祭りを行う一番の目的は、鯉供養にあるという。集落の子どもたちの成長や、温泉についての祈願もするが、最も重要なものは、一年の間食に供されてきた鯉の供養だというのである。平湯温泉の歴史を辿ると、鯉供養が行われるようになったのは、食事を客に提供する旅籠になってからのことと考えられる。

そのように鯉料理がよく作られていた平湯だが、近年は飛騨トラフグを名物にしようとして、旅館では積極的にフグ料理を出すようにもなってきている。それでも、古くからの客人の中には鯉の洗いを所望する人もあり、昔ながらの鯉料理が提供される場合もあるようだ。冷たい水に晒した鯉の洗いは、身が締まって美味だといわれている。長く行われてきた鯉供養では、このような変化もあって、いまではフグの供養も一緒に行われるようになってきている。

(二) 湯花祭り

もう一つの湯花祭りは、一九八〇年頃から行われるようになった新しい祭りである。祭場となる平湯神社は、薬師堂のすぐそばに鎮座している。古くは神明宮としてあった平湯神社だが、明治末期の神社合祀政策によって、一時期村内の村上神社(64)に合祀されていた。平湯の人々は、参拝のために遠くまで足を運ぶことを余儀なくされ、やはり集落に自分たちの社を持ちたいと考えた人々が、戦後に再び平湯の地に村上神社から御神霊を迎え祀ったのである。そのようなこともあって、神社の位置には時代と共に多少の変化があった。さらにその後、神社を白弊社に昇格さ

【図24】絵馬市（平湯神社）

せることになり、年に三つの祭りを執り行う必要が生じてくる。氏子総代らが相談の上、正月と秋の例祭に加えるのなら、湯にちなむ祭りが良いと考え、湯花祭りを始めることになったのである[65]。平湯神社の昇格は一九八〇年十月のことであり、神社名を記した大きな記念碑が、境内に立てられている。

祭りの開始は、朝八時にバスターミナルで行われる乗鞍スカイラインの開通式からになる。当初は、四月二十七日の上高地への開通式に併せて行われていたが、旅館の繁忙期と重なることもあって、十五年程前から乗鞍への開通式の日に移されている。五月十五日である。

開通式では、平湯神社の神官による安全祈願の神事が執り行われ、続いて獅子舞が奉納される。地元で「神官さん」と呼ばれる神主は、他社も兼務する袖垣吉春氏が務めている[66]。

バスが無事に出発すると、次は神社での準備が始まる。茅の輪作りである。一般に茅の輪くぐりは夏越や師走の大祓の神事であり、茅萱等が使われるが、平湯では湯花祭りと一緒に行われ、杉の葉が用いられている。

昼過ぎから夕方にかけては、神社の拝殿で絵馬市も開かれる。色鮮やかな紙絵馬の市である。こちらは若連中が主体となり、高山市の紙絵馬専門店に依頼した手描きの絵馬に、神社印や安全等の縁起の良い文字印を押して完成させる。床一面に広げられた絵馬は、馬の表情や毛色、鞍の模様や色付けなどが一つひとつ異なっている。大小、右向き・左向きの各種が揃っている。紙絵馬は玄関に貼られるため、家の入り口の向き

【図26】薬師堂から出発する行列
白猿の姿も見える（湯花祭り）

【図25】猿満堂（平湯神社境内）

によって左右のどちらかが選ばれる。家の内の方へ顔を向けた馬が吉とされている。計百枚が用意され、頒布の際には、希望によって日付や購入者の氏名も書き入れる。集落の人や旅行者が時折訪れては、思い思いに絵馬を選んでいく。

夕方になってあたりが薄暗くなる頃、境内に立てられたいくつもの千燈に火が灯される。神社拝殿下に建てられた猿満堂を取り巻くように、榊が立てられ、御幣としめ縄がそこに張られる。しめ縄の内側には二つの台と大釜があり、台にはそれぞれ神饌と水器が置かれている。

この日は特別に猿満堂の扉が開かれ、中の猿の石像の姿がよくみえる。この猿満堂は、上宝村教育委員会、平湯区長、平湯観光協会、そして主体となった平湯温泉旅館組合が、平成十三年八月に建てたものである。それまでは、平湯の伝説にちなんだものがほとんどなかったことから、温泉の発見に関わる猿の石像を祀って、伝説の証にしたという。猿満堂の文字等を記した幟や飾りは、各旅館にも飾られている。

十八時四十五分には、各泉源の湯が水器に入れられて神社の前に並べられる。平湯にあるおよそ四十ヶ所の泉源のうち、この年は三十ヶ所余りの湯が集められている。泉源名の記された水器には、場合によっては二つの湯が入れられることもある。本殿では、神主による拝礼の後、五人の氏子による雅

【図27】湯花祭りの山県三郎昌景（中央）

【図28】湯花祭り後の白猿と山県氏

楽の奉奏が始まる。

十九時になる頃、先払いや神主、伝説に登場する山県三郎昌景と歩兵からなる武者の行列、そして白猿、さらには奏楽隊や獅子舞い等が、神社を出発して町内を練り歩いて行く（図26）。行列には、観光客も後になり先になりしながら自由に随行する。時には、通りに面した旅館の窓から、一行を眺める人々の姿もみえる。

神社に戻ると、神主が祝詞を奏上し、観光協会長と役員、旅館関係者が順に玉串奉奠する。各泉源の湯は煮えたぎる釜へと移され、その湯はまわりに湯気を立ち昇らせながら、束ねた熊笹で参拝者に振りかけられる。修祓である。湯を受けて、人々は一年間の無病息災を願うのである。子ども連れの母親の姿も多くみえる。熊笹は神主から白猿に渡され、少し大げさな振る舞いによって人々の間にどよめきを巻き起こしながら、白猿による修祓が二回行われる。

やがて境内に集まっていた人々が三三五五去って行くと、一部片付けを進めながら、拝殿では神主をはじめとした祭りの関係者による直会が開かれる。直会ではお神酒が配られ、それをいただきながら、無事に終わったことへの喜びや、今後の予定等がひとしきり語られる。

このような湯花祭りの大まかな形は、二十年程前から徐々に整ってきたという。山県三郎昌景と歩兵の武者行列や、白猿の登場は祭りが始まった当初からあり、平湯温泉の発見伝説にちなんだ祭りであることがよくわかる。近年の外国人旅行者の増加を受けて、伝説の英語での説明が必要だとの声も聞こえてくる。

平湯らしさを打ち出したこの新しい祭りは、平湯温泉観光協会が主催する、観光客に向けた内容になっている。湯の恵みに感謝を捧げて集客を祈願し、また同時に伝説を辿りながら平湯温泉の魅力をアピールをする。湯花祭りは、そのような祭りであると理解できる。

おわりに――まとめにかえて

乗鞍岳や焼岳などの山々に囲まれた平湯温泉は、蒲田温泉と並んで古くに開かれた浴場であった。その始まりは、山県三郎昌景等の武田家ゆかりの軍勢が、安房峠越えの最中に焼岳の噴煙に吹かれて難儀した際、白猿の様子を見て湯の効能を知り、その湯で英気を養い回復したことにあると伝えられていた。この白猿というのは老いた猿であり、年をとったために毛の色が白くなったものだった。野生の老いた猿である。その猿が湯に浸かり、再び元気になる様子をみた武田の軍勢は、後に自ら体験した湯の効果と共に、そのありかを周辺の人々に知らせて広めたのだった。

周知の通り、武田氏は温泉とゆかりのある武将であった。傷ついた自らの兵士を積極的に温泉の力で回復させていたことから、「信玄の隠し湯」と呼ばれる温泉が山梨県を中心に多くみられる。平湯温泉もこの武田の軍勢が発見に関わったと語られているが、湯の第一の発見者は白猿であった。猿の行為を通して、初めて人々は湯の存在を知ったのである。

平湯の温泉発見伝説は、このように動物と武田の軍勢の二つが組み合わさった伝説だといえるだろう。そしてそれが生まれた背景には、信州から西へ向かう重要な山越えのルートの一つが、平湯にあったことにある。

平湯では、この温泉発見伝説にちなんだ新しい湯花祭りが行われていた。一九八〇年の平湯神社の昇格を機に作られたこの祭りは、伝説を温泉地の活性化に生かそうとする、地元の人々による試みにもなっていた。神社境内にある猿満堂は、二〇〇一年八月に平湯温泉旅館組合が中心となって建てたものであった。それまで伝説に関わる事物が平湯にはなかったことから、猿の石像を祀り、温泉発見の伝説の証にしたいと考えてのことだった。湯花祭りはこの猿満堂を中心にして行われ、湯の恵みに感謝を捧げ、平湯の発展と子ども達の無病息災を祈願する祭りとなっていた。平湯温泉観光協会が主催する、白猿や山県三郎昌景等が登場する趣向の、観光客に向けての祭りでもあった。

その一方で、古くから守られてきた薬師如来の祭りも、同月に行われていた。この薬師祭りは地元の人々の祭りであり、観光客とは全く関係がない。先に見た通り、「平湯の金仏様」は、江戸時代から平湯の名主を務めてきた小林家にまつわる伝説であり、薬師如来像の来歴を伝えるものであった。その薬師如来像はいつしか平湯の人々に欠かせない存在となって、薬師堂、そして薬師祭りと共に、平湯の人々をまとめる精神的な拠り所になっているとみることができる。近年では鯉やふぐの供養が祭りの主願と考えられているが、おそらく古くは違った意味合いを持った祭りだったものと考えられる。また、この薬師祭りがあるからこそ、湯花祭りは観光客へと開かれた祭りになったともいえる。そして薬師如来像の伝説の背後には、平湯と蒲田との相対する関係性も垣間見えていた。

平湯の場合、温泉を発見したとされる白猿は初めから神格化していたわけではなかった。山の神や山王信仰といった、猿にまつわる信仰との関わりは特に認められない。伝説では、ただ群れから離れた野生の老いた一匹の猿として語られていた。地元で入道猿と呼ばれる猿である。この点を確認した上で改めてみると、初めは一つの動物として語られていたものが、猿満堂に祀られた後、次第に祭りに組み込まれていく様子が明らかになってくる。おそらくこの変化は、動物が神格化していく過程で各地にみられてきた動きの一つなのだろう。またその変化を起こそうとしたのは、宗教関係者ではなく、地元の人々の自発的な行動によるものであった。そして、伝説を若い世代へと引き継ぎながら、祭りをより良い形へ変化させていこうとするゆるやかな流れのようなものが、今の平湯温泉の姿からは浮かび上がってくる。

奥飛騨の山々に抱かれた温泉地の歴史は、これからも平湯温泉の魅力となって、生き続けていくものと思われる。

〈謝辞〉

平湯温泉の調査では、中澤勇夫氏、小林武氏、村山昌夫氏、田中孝次氏、禅通寺の小椋祥久氏をはじめ、多くの方にご協力をいただいた。心より、御礼申し上げたい。また、本書刊行に際して貴重なご助言をいただいた、所長の山田邦明先生に厚く御礼申し上げる。

本書は、愛知大学綜合郷土研究所研究費による研究成果である。ここに記して関係各位に謝意を表したい。

〈註〉

(1)日本温泉協会編・刊『温泉大鑑』一九三五年。後に改題改訂版の『日本温泉大鑑』(博文館、一九四一年)が出されている。同書六五六～六八一頁。

(2)山口貞夫「温泉発見の伝説」(三元社編・刊『旅と伝説』一〇-一一 一九三七年)一三～一九頁。

(3)註(1)に同じ。

(4)菱川晶子「温泉発見伝説と動物―岩手県花巻市鉛温泉と猿―」(愛知大学一般教育研究室『一般教育論集』第五一号二〇一六年)。

(5)菱川晶子「温泉発見伝説と動物―長野県上田市鹿教湯伝説の場合」(『愛知大学綜合郷土研究所紀要』第六〇輯二〇一五年)。

(6)森本一雄『定本金森歴代記 初代～七代』(松雲堂書店、一九九三年)一六二～一六六頁。

(7)和仁市太郎「北飛騨の民謡」(谷川健一代編『日本庶民生活史料集成 第二四巻 民謡・童謡』三一書房、一九七九年)三〇五頁。

(8)(財)岐阜県教育文化財団歴史資料館編・刊『飛騨・美濃の古地図と史料～飛騨郡代高山文書・美濃郡代笠松陣屋堤方役所文書～』(二〇〇八年)三七頁。

(9)土田吉左衛門「地名考」(伊藤久行責編『奥飛騨の山と人』第二十回国民体育大会上宝村実行委員会、一九六五年)四五頁。

(10)中田武司編『田中大秀』第四巻(勉誠出版、二〇〇四年)三一九～三二〇頁。

(11)「御供の日記」(神岡町編・刊『神岡町史』史料編・下巻 一九七六年)一二八三～一二八四頁。

(12)岐阜県吉城郡上宝村著・刊『上宝村誌』(一九四三年)八四〇・八四三頁。

(13)東随舎「古今雑談思出草紙」(『日本随筆大成第三期』第四巻 吉川弘文館、一九七七年)一〇七頁。「古今雑談思出草紙」は、江戸の人東随舎が古今諸国にわたる巷説奇談を記したものである。著作年代の詳細は不明だが、享和元年（一八〇一）から天保年間にかけての頃の作と考えられている（同書一頁「解題」）。
(14) 富田礼彦『斐太後風土記』住伊書院、一九一六年。引用は蘆田伊人編・日本歴史地理学会校訂『大日本地誌大系　斐太後風土記』下巻（大日本地誌大系刊行会、一九一六年）八五～八六頁による。
(15) 上宝村史刊行委員会編『上宝村史』下巻(上宝村、二〇〇五年）一九二・一九三頁。
(16) 同書、一九三頁。
(17) 三枝きみ「搗きやと発電所」（上宝村教育委員会編・刊『奥飛騨山郷生活文化の記録』第十集記念号一九九四年）三七八頁。
(18) 山腰悟「ひえのめし」（註(17)の文献に同じ）七五頁。
(19) 小林與茂蔵「私が歩んだ道」（註(17)の文献に同じ）四五・四六頁。
(20) 註(12)の文献に同じ、八四四頁。山鳥については中澤勇夫氏の話による。以下同様。
　山鳥はドングリも好み、山鳥が実を多く食べた年には、山鳥の出汁で作った雑煮は特に美味しいといわれている。この山鳥は、一人一日当たり三羽までしか獲ることができない決まりがある。数年前からは少し増えたが、病気のためなのか昔に比べてかなり数が減ってしまったようだ。

　ドングリの花の色が濃いと、その翌年にはドングリの実りが豊かになる。平湯にはまた、ナラの木も多く生えている。
(21) 名古屋営林局編『管内風土記』（財団法人名和会、一九五五年）一三三頁。この後唄は、「平湯峠にや　じやが居るとよな　でかい蛇とよな　うそじやとな」と続く。
(22) 「冬の暮らし」は、三枝きみ「冬の道（昭和十年代の頃）」（註(17)の文献に同じ）二六九～二七三頁の要約と、中澤勇夫氏の話を元に記述している。
(23) 岐阜県吉城郡上宝村教育委員会編・刊『郷土上宝』（一九七二年）七八頁。
(24) 同書、一六三頁。
(25) 同書、一七三～一七七頁。

⑹ マユミは古くは弓の材として使われたといい、「真弓」とも記される。柔軟性があり、よくしなるためである。また、平安時代には庭に植えられていた木でもあった。
　上宝村は雪が多く雪質の良い地域だが、地形的に大規模なスキー場は作られなかった。そんな中でも、平湯スキー場では各種の大会が催され、賑わったようである。昭和五十年（一九七五年）には旧上宝村にあった上宝高原スキー場で県大会も開かれている（『上宝村史』上巻　上宝村、二〇〇五年　九一七頁）。

(27) 註⒂の文献に同じ、二〇九頁。

(28) 「狩猟と山の動物」は、中澤勇夫氏の話による。熊胆の整形に使うというクレの木は、ヒノキやサワラなどを材とする板材の榑木のことだろう。飛騨は榑木の主産地の一つでもあった。

(29) 『斐太後風土記』によれば、アワは「大雪」と書いて「アホ」とも読む。三郡の方言に、大雪の山上からなだれ落ちるのを「アホガック」という。大いに降るのを「アホウに降る」というのは、アハの転じたものか。（註⒁の文献に同じ）二八〇頁。

(30) 荒井勝三「若い時の服装」（註⒄の文献に同じ）二二一頁。

(31) 註⒂の文献に同じ、一九六頁。

(32) 註⑼の文献に同じ、一一七頁。

(33) 岐阜県編・刊行『岐阜県史　通史編近世下』（一九七二年）三四五～三四九頁。

(34) 註⑼の文献に同じ、六九頁。

(35) 註⑻の文献に同じ。二〇一八年九月十九日岐阜県歴史資料館にて調査。

(36) 註⒁の文献に同じ、八七頁。

(37) 岡村利平編『飛騨山川』住居書店、一九一一年（同書復刻版　大衆書房、一九八六年）四三〇頁。

(38) 小鷹ふさ『飛騨口碑伝説』（大衆書房、一九八六年）二〇七頁。

(39) 上宝村昔ばなし編集委員会編『かみたからの昔ばなし』上宝村教育委員会、一九八三年）一〇～一四頁。

(40) 註(37)の文献に同じ、四二九～四三〇頁。

(41) 註(26)の文献に同じ、六九〇頁。
(42) 芳賀登編『山の民の民俗と文化―飛騨を中心にみた山国の変貌―』(雄山閣出版、一九九一年)一六頁。
(43) 山腰悟「ひえのめし」(註(17)の文献に同じ)七六頁。
(44) 中沢よう「昔のこと」(註(17)の文献に同じ)三二二頁。
(45) 註(26)の文献に同じ、六九〇・六九一頁。
(46) 註(26)の文献に同じ、六九〇・六九一頁。
(47) 註(26)の文献に同じ、七〇七頁。
(48) 上村木曽右衛門満義編『飛騨国中案内』(かすみ文庫、一九一七年)一八二・一八三頁。
(49) 註(26)の文献に同じ、六九〇・六九一頁。
(50) 二〇一四年四月一日現地調査。
(51) 註(38)の文献に同じ、二〇四~二〇五頁。
(52) 神川僧實善『游平湯温泉記』(桐山力所編纂『飛騨叢書第三巻 飛騨遺乗合府』住伊書店、一九一四年)一八五頁。
(53) 「江馬家後鑑録(全)」(神岡町史編・刊『神岡町史』特集編一九八二年)四四三~四四五頁。
(54) 二〇一四年六月二十一日現地調査。小林家にて「平湯記」を拝見。
(55) 二〇一四年六月二十日現地調査。
(56) 『上宝村の文化財』(上宝村教育委員会、二〇〇四年)一三頁。二〇一五年三月三日現地調査。禅通寺にて薬師如来像を拝観。
(57) 註(38)の文献に同じ、二〇五~二〇六頁。
(58) 註(54)に同じ。
(59) 土田吉左衛門『飛騨の史話と伝説』(北飛タイムス社、一九六二年)九九頁。
(60) 註(12)に同じ、八六一~八六三頁。
(61) 註(15)の文献に同じ、一五六頁。

(62) 註(56)に同じ。

(63) 法円山禅通寺は、文明十五年（一四八四）開山の、本尊を釈迦牟尼仏とする、騎鞍権現を守る山伏の庵が始まりであり、同年に越中国国泰寺より久岳祖参禅師を請して中興したとも伝えられている（註(15)の文献に同じ）。住職の小椋祥久氏は、現十九世になる。

また、『上宝村誌』によれば昭和初期の檀家は一重ヶ根が最も多い五十二戸、次いで平湯の二十五戸と福地の二十二戸になる。他は中尾や神坂、村上にも檀家がみられる（註(12)の文献に同じ）。平湯に居を構える場合は禅通寺の檀家となるのが常であったが、近年は必ずしもそうとは限らないようだ。

(64) 「明治五年高山県神社明細帳記載神職名」では、吉城郡の中に村上神社とその神職名が確認できる。当地域で神職の在中する主要な神社であったことがわかる（熊崎善親『飛騨国中神社編年史』飛騨郷土学会、一九五八年）。

(65) 神社の格式を定めた社格は、戦後の一九四六年に廃止されたが、岐阜県においては上杉一枝氏の岐阜県神社庁長の代に、金幣社、銀幣社、白幣社、無格社の四格に分類された。平湯神社の扁額は、岐阜県神社庁副庁長上杉千郷氏によって書かれたものである。

(66) 二〇一六年五月十五日現地調査。初代の神官は、この辺りの神社を仕切っていた沢田直康氏が務めていた。その後二代目は袖垣寅三氏、そして現在の三代目はその子息に当たる。祖父の代から神官を務めるという吉春氏は、本職の傍ら、白山神社を中心とした七社余りを管轄している。

〈参考文献〉

岡村利平編『飛騨山川』住居書店、一九一一年（同書復刻版　大衆書房、一九八六年）。

高木敏雄『日本伝説集』郷土研究社、一九一三年。後に宝文館出版（山田野理夫編一九九〇年）等からも復刻版が刊行。

柳田國男『山島民譚集』甲寅叢書刊行所、一九一四年。『柳田國男全集』第二巻（筑摩書房、一九九七年）等にも収録。

上村木曽右衛門満義編『飛騨国中案内』かすみ文庫、一九一七年。

山口貞夫「温泉発見の伝説」（三元社編・刊『旅と伝説』十-十一　一九三七年）。

日本温泉協会編『日本温泉大鑑』博文館、一九四一年。

江馬美枝子『飛騨の女たち』三國書房、一九四二年。

岐阜県吉城郡上宝村著・刊『上宝村誌』一九四三年。

柳田國男『日本伝説名彙』（日本放送協会編・日本放送出版会、一九五〇年）。

土田吉左衛門『飛騨の史話と伝説』北飛タイムス社、一九六二年。

伊藤久行責編『奥飛騨の山と人』第二十回国民体育大会上宝村実行委員会、一九六五年。

岐阜県編・刊行『岐阜県史　通史編近世下』一九七二年。

芳賀登編『山の民の民俗と文化―飛騨を中心にみた山国の変貌―』（雄山閣出版、一九九一年）

菱川晶子「温泉発見伝説と動物―長野県上田市鹿教湯伝説の場合―」（『愛知大学綜合郷土研究所紀要』第六〇輯二〇一五年）。

石川理夫『温泉の平和と戦争』彩流社、二〇一五年。

菱川晶子「温泉発見伝説と動物―岩手県花巻市鉛温泉と猿―」（愛知大学一般教育研究室『一般教育論集』第五十一号二〇一六年）。

菱川晶子「温泉発見伝説と動物―岐阜県平湯温泉と猿―」（『愛知大学綜合郷土研究所紀要』第六十三輯二〇一八年）。

石川理夫『温泉の日本史』中央公論新社、二〇一八年。

倉地克直『絵図と徳川社会　岡山藩池田文書をよむ』吉川弘文館、二〇一八年。

【著者紹介】

菱川　晶子（ひしかわ あきこ）

東京都生まれ

2004年國學院大学大学院文学研究科日本文学専攻博士課程後期修了　博士（文学）

国立歴史民俗博物館外来研究員を経て、

現在、愛知大学非常勤講師・愛知大学綜合郷土研究所研究員

研究分野

民俗学。人と動物の関係についての研究。狼の民俗や、動物の関わる温泉地の調査に積極的に取り組む。小豆の民俗も調査中。

主な著書等

『狼の民俗学 人獣交渉史の研究 増補版』(東京大学出版会、2018)

「温泉発見伝説と動物－岐阜県平湯温泉と猿－」(『愛知大学綜合郷土研究所紀要』 第63輯　愛知大学綜合郷土研究所、2018)

「温泉発見伝説と動物－長野県上田市鹿教湯温泉の場合－」(『愛知大学綜合郷土研究所紀要』第60輯　愛知大学綜合郷土研究所、2015) ほか

愛知大学綜合郷土研究所ブックレット ㉘

平湯今昔物語

奥飛騨の温泉と伝説と祭り

2019年 2 月28日　第 1 刷発行

著者＝菱川 晶子 ©

編集＝愛知大学綜合郷土研究所

〒441-8522 豊橋市町畑町1-1 Tel.0532-47-4160

発行＝株式会社シンプリ

〒442-0821 豊川市当古町西新井23番地の3

Tel.0533-75-6301

http://www.sinpri.co.jp

印刷＝共和印刷株式会社

ISBN978-4-908745-04-1　C0339

刊行のことば

愛知大学は、戦前上海に設立された東亜同文書院大学などをベースにして、一九四六年に「国際人の養成」と「地域文化への貢献」を建学精神にかかげて開学した。その建学精神の一方の趣旨を実践するため、一九五一年に綜合郷土研究所が設立されたのである。

以来、当研究所では歴史・地理・社会・民俗・文学・自然科学などの各分野からこの地域を研究し、同時に東海地方の資史料を収集してきた。その成果は、紀要や研究叢書として発表し、あわせて資料叢書を発行したり講演会やシンポジウムなどを開催して地域文化の発展に寄与する努力をしてきた。今回、こうした事業に加え、所員の従来の研究成果をできる限りやさしい表現で解説するブックレットを発行することにした。

二十一世紀を迎えた現在、各種のマスメディアが急速に発達しつつある。しかし活字を主体とした出版物こそが、ものの本質を熟考し、またそれを社会へ訴える最適な手段であると信じている。当研究所から生まれる一冊一冊のブックレットが、読者の知的冒険心をかきたてる糧になれば幸いである。

愛知大学綜合郷土研究所